接続	基本形	未然形	連用形	終止形	連体形	已然形	命令形	意味
形 形	り	ら	り	り	る	れ	れ	完了・存続
他	ごとし	○	ごとく	ごとし	ごとき	○	○	比況・例示
	たり	たら	たり／と	たり	たる	たれ	たれ	断定
言 体形	なり	なら	なり／に	なり	なる	なれ	なれ	断定・存在
終止形（ラ変は連体形）	なり	○	なり	なり	なる	なれ	○	伝聞・推定
	めり	○	めり	めり	める	めれ	○	推定・婉曲
	らむ	○	○	らむ	らむ	らめ	○	現在推量 原因推量 現在伝聞 現在婉曲
	まじ	（まじく）／まじから	まじく／まじかり	まじ／○	まじき／まじかる	まじけれ／○	○	打消推量・打消意志 不可能・打消当然 不適当・禁止
	らし	○	○	らし	らし	らし	○	推定
	べし	（べく）／べから	べく／べかり	べし／○	べき／べかる	べけれ／○	○	推量・意志・可能 当然・適当・命令
	けむ	○	○	けむ	けむ	けめ	○	過去原因推量 過去伝聞 過去婉曲

速戦即決 古文単語

10日間で275語を攻略

YouTube『古典ちゃんねる』担当講師
個別指導塾 CASTDICE 副塾長
高橋大成

かんき出版

はじめに

本書を手に取っていただき、誠にありがとうございます。

早速ですが、皆さんはすでに何かしらの古文単語帳を持っているのではないでしょうか。

なかには、その単語帳で受験勉強を始めている方もいらっしゃるかと思います。

ところが、皆さんは本書を手に取っているわけです。


今持っている単語帳ではどうもうまくいかないけれど、どれも大きな違いはないように見える。でも、このままじゃいけないから、どこかによい単語帳がないかを探す。その繰り返し。

……そんな状況ではありませんか。


今回「**最速で学習を終えられる単語帳**」のテーマで執筆の依頼を頂いた時に、私がこれまで20年以上にわたって生徒に伝えてきた「古文は成績を上げるだけではダメ。**最短時間・最少労力**で取り組み、他の科目に時間をまわすことが大事」という方針を盛り込んだ単語帳を作ることができる。そう思いました。


皆さんの最終目標は何でしょうか。「古文の成績を上げる」ことではありませんよね。

「第一志望に合格する」ことこそが、皆さんのゴールであるはずです。

複数科目で勝負をする受験競争において、古文に必要以上に時間を割いていては、先を行くライバルたちに追いつき、差をつけることは到底不可能です。「古文の成績は上がったけど、他の科目は上がらなかった」ではダメなのです。そうならないために**「古典文法→古文単語暗記」の順序で勉強**をし、**最大効率で古文を学習**して、残った時間で他の科目を徹底的に鍛えていく必要があります。

本書は

①**できる限り少ない時間と労力で古文単語を覚えて**

②**古典文法の基礎までマスターする**

ことができる構成になっています。

「古文単語を覚えるため」という近視眼的な考え方ではなく「英語や数学に時間を使うため」に本書を活用してください。ぜひ、正しい努力で第一志望合格を勝ち取ってください。そして、その後は後輩たちに古文を教えてあげてください。それでは、一緒に頑張りましょう！

ＹｏｕＴｕｂｅ『古典ちゃんねる』担当講師
個別指導塾ＣＡＳＴＤＩＣＥ副塾長　高橋大成

本書の5つの特長

① 受験生に本当に必要な275語を厳選

時間のない受験生のために、本当に必要な単語だけを掲載しています。共通テスト対策や国公立大学2次試験の土台づくりには、この一冊で充分です。例文は助動詞の意味や活用など重要事項もあわせて確認できるようにしてありますし、常識的な語句に対しては例文掲載を省くことで、徹底的に学習効率を重視しています。

② 最速、最大効率で学習できる無駄のない解説

即決POINTには、重要な関連語や必須の周辺知識だけを、無駄なく載せました。情報が多すぎると、どれが重要なのかわからなくなるものです。この本なら、最大限に効率よく重要事項を覚えられます。

③ 10日間で1周できるから、繰り返し取り組める

10日間で1周のサイクルを繰り返すことで、275語を覚えることができます。夏休みや冬休みにも、日常学習でも、繰り返し取り組みやすい構成です。

④文法も復習できるから、得点が上がる

動詞・形容詞・形容動詞の活用、そして助動詞をマスターできていないと、単語を覚えても得点は上がりません。文法に不安のある人は付録の赤シートを使って例文や参考資料で知識の定着をはかり、文法の基礎も固めてしまいましょう。

⑤試験直前の最終確認もできる

本書の16ページから31ページには、重要語と主な意味をまとめた索引を載せています。索引も赤シートに対応していますので、すきま時間の復習にぜひ活用してください。あるいは、読解問題を解いている時、辞書の代わりに使ってみてください。そして試験当日、本番直前にも、最終確認に活用してくださいね。

他にはない特長をもつこの一冊で、速戦即決で合格を勝ち取りましょう!

第1章 275語を覚える

第2章 例文を暗唱する

速戦のコラム

装丁・本文　二ノ宮 匡(nixinc)
組版　ニッタプリントサービス
図表　熊アート

本書の使い方

1【基礎トレーニング】

▼［動詞・形容詞・形容動詞の活用］［助動詞の接続・意味・活用］を最優先で覚える

古文は英語と違って、文法の基礎をマスターせずに単語だけを覚えても、なかなか得点は伸びません。今も昔も共通して使われている言葉が非常にたくさん出てくるにもかかわらず、現代人が古文を読むのに苦戦するのは**「単語がわからないから」ではありません。**大半の理由は「文法の違い」にあるのです。全く異なる言語である英語は、最低限の語彙力無くしては文法の学習も進みませんが、古文は違います。今の皆さんの語彙力で古典文法をマスターすることが可能です。

少しでも文法に不安がある人は、ぜひ文法基礎の復習から始めてください。繰り返しますが、ここをクリアしなければ、いくら単語を覚えても古文の成績は上がりません。必ず手順を守ってください。間違った手順で勉強している友人に流されず、正しい努力を積んでいきましょう！

ちなみに、私の授業を配信しているYouTube『古典ちゃんねる』第1講から第17講で文法の基礎を扱っています。動画を見ながら学習し、音読を繰り返し行えば、しっかり身につきますので、ぜひ活用してみてください（一つの動画は6分から15分程度です。そんなに時間はかかりません。すぐに始めましょう！）

『古典ちゃんねる』には、QRコードからアクセスできます。

2【単語暗記1周目】

▼10日間で単語を一通り確認する

1周目はすべての単語を「なんか見たことがあるなあ。意味は出てこないけど……」といえるレベルにまでもっていってください。「意味が出てこないんじゃ、覚えたうちに入らないんじゃないの？」と思うかもしれませんが、「見たことある」と認識できれば、すでに暗記は始まっています。この段階を通らないと、次には進めません。

「一つの単語が持つ複数の意味まで全部覚えないと暗記したとは言えない」という考えが「頑張っているのに全然進歩していない」という閉塞感を生み、勉強に対するモチベーションを奪っていきます。「見たことある」と思えた時に「あ、覚え始められている」と前向きにとらえることが大事です。各単語の上にある3つの□のうち、一番右の□に✓を入れながら進みましょう。

3【単語暗記2周目】

▼各単語につき、最低一つは意味をおさえる

多くの重要単語が複数の意味を持ちます。本書では単語の意味を覚えてほしい順に並べていますので、2周目は最初の一つを覚える意識で臨みましょう。1周目より早く終わるはずです。5日間から7日間で1周しましょう。各単語の上にある3つの□のうち、真ん中の□に✓を入れながら進んでください。ここまできたら、あと一息！

4【単語暗記3周目以降】

▼複数の意味をおさえる

3周目は大変なので、覚えられる単語からで結構です。なかなか覚えきれない単語を減らしていく作業を根気よく続けてください。ここからは1周あたり3日以内で終えられるはずです。すべての意味を暗記できた！という単語のみ、各単語の上にある3つの□のうち、一番左の□に✓を入れましょう。すべての単語の3つの□に✓を入れられたら、修得完了です！あとはどんどん読解問題を解いて、知らない単語も追加で確認をしていきましょう。

5【例文音読】

▼例文を音読し、記憶を定着させる

後半には例文を掲載しています。各例文の現代語訳を頭に入れてから、10回ずつ丁寧に音読してください。例文の中には重要単語が複数出てくるものが多く、**重要単語は太字で強調**してあります。この過程で、暗記した単語を知識として定着させていきます。

例文で確認するほどの単語ではない、もしくは音読するうまみが少ないと判断した例文は載せていません。必要最低限のものを選び抜いてありますので、徹底的に音読にはげんでください。

6【助動詞チェック】

▼例文中で、助動詞の意味と活用をチェックする

本書の総仕上げです。助動詞の確認のために、意味と活用を例文に入れました。すべて赤シートに対応しています。単語帳でここまでやる必要があるのか？という意見もあるかもしれませんが、何度もお伝えしてきたように、単語を覚えるだけでは古文の成績は上がりません。この単語帳を使うからには、古文の成績を上げていただきたいのです！

4までの工程を終えた方は、5の例文音読と並行して6も進めていくとよいでしょう。

索引

重要語の掲載ページと主な意味をまとめました。五十音順に並べており、用途にあわせて二通りの使い方ができます。

1 単語を調べたいときに

単語の意味を調べたいときに辞書を開き、情報量に圧倒されて戸惑ったことはありませんか? この本には重要な情報しか載っていません。読解問題に取り組む際にも辞書の代わりに索引を活用してくださいね。

2 試験直前の確認に

共通テストや二次試験前に赤シートを使って知識の定着を確認してください。覚えている単語には□に✔を入れていき、✔がつかなかった単語は、試験直前に必ず意味を確認しましょう。

い

え

お

き

速戦のコラム

速やかに1周、終わらせよ！

単語暗記のスタートにあたって、「絶対にやってはいけないこと」をお伝えしておきます。それは「少しずつ進めて、長い期間をかけて1周すること」です。

多くの受験生が、せっかくお金を出して手にした単語帳を最後までやりきることができません。その大半の理由は、「時間をかけすぎていること」にあります。

本書では275語の単語暗記に挑むわけですが、「無理せず1日5個ずつ着実に覚えて、55日で1周する」というやり方だけは絶対に避けてください。このやり方では、55日経つ前にいつのまにかサボるようになってしまうか、30日くらい経った時点で序盤に覚えたはずの単語をすっかり忘れてしまっていることに焦り、何度も序盤の単語に戻っては30日後に不安を覚えて最初に戻るループにはまってしまうことになります。

とにかく大事なことは「速やかに1周終わらせること」です。本書では目安を10日間としていますが、もっと早くても結構です。「そんなに欲張っても途中で挫折してしまいそうだから」などという甘えは捨てましょう。必ずやりきる覚悟を持ってください。英単語と違って、10日で終わらせると言っても1日平均30語以下です。「1周やりきった」という達成感がその後の努力を継続する原動力になります。長い受験勉強において一番の敵は「頑張っているのに、いっこうに先に進んでいる気がしない」という閉塞感です。1周目は顔を覚える、2周目で顔と名前を一致させる、3周目で性格をインプットするというイメージで徐々に古文単語たちと親密になっていきましょう。

第1章 275語を覚える

1日目
数が限られている活用の動詞
上一段・下一段・カ変・サ変・ナ変・ラ変

2日目
「ず」をつけて判断する活用の動詞①
四段

3日目
「ず」をつけて判断する活用の動詞②
上二段・下二段
複数の活用を持つ動詞

4日目
プラスイメージの形容詞

5日目
マイナスイメージの形容詞①

6日目
マイナスイメージの形容詞②

7日目
プラスマイナス両方の意味を持つ形容詞
中性的形容詞

8日目
形容動詞

9日目
名詞

10日目
副詞
呼応の副詞・呼応以外の副詞

上一段活用動詞［6］

数が限られている活用の動詞

【活用】 i／i／iる／iる／iれ／iよ

□□□
001

ひる［干る］ ★☆☆

訳 ❶乾く　❷（潮が）引く

□□□
002

いる［射る］ ★☆☆ ［鋳る］ ★☆☆ ［沃る］ ★☆☆

訳 （矢を）射る

訳 鋳造する

訳 そそぐ

即決POINT

※「射る」はヤ行。ヤ行の動詞について覚えておくべきことは次の4点。

❶ ア行と混同しないこと。ア行の動詞は「得（う）」「心得（こころう）」「所得（ところう）」の3語のみ。

❷ ヤ行上一段動詞はこの3語のみ。

❸ ヤ行上二段動詞は「老ゆ」「悔ゆ」「報ゆ」の3語のみ。

❹❷、❸以外のヤ行の動詞は下二段。［例］見ゆ、覚ゆ、聞こゆ　など。
※同じ読みの「入る（いる）」はラ行四段・下二段活用動詞。

□□□
003

★☆☆
きる【着る】

訳
（衣服を）着る

□□□
004

★★☆
みる【見る】

訳
❶男女の仲になる・結婚する　❷見る
❸見て思う・見て判断する　❹面倒を見る　❺経験する
［補助動詞］（動詞の連用形、助詞「て」に続いて）
❻ためしに～する

即決POINT
※「見る」はマ行。
※マ行上一段動詞はこのほかに「うしろみる（世話をする・後見する）」「かへりみる」「試みる」「かんがみる」などがある。

□□□
005

にる【似る】
★☆☆

即決POINT
※「似る」はナ行。
※ナ行上一段動詞はこのほかに「煮る」のみ。

訳
同じように見える

□□□
006

ゐる【居る】
★☆☆

即決POINT
※ワ行上一段動詞はこのほかに「率る（引き連れる・携える）」「率ゐる」「用ゐる」のみ。

訳
❶座る・座っている ❷じっとしている ❸滞在する ❹ある地位に就く・就任する ❺おさまる・静まる

下一段活用動詞【1】

※1語のみ！

【活用】け／け／ける／ける／けれ／けよ

□□□
007

★☆☆
ける【蹴る】

訳一
蹴る

カ行変格活用動詞【1】

【活用】こ／き／く／くる／くれ／こ・こよ

□□□
008

★☆☆
く【来】

訳一
❶来る　❷行く

即決POINT
※カ行変格活用動詞はこのほかに「まうで来（参上する・参ります）」「出で来」「参り来」がある。

サ行変格活用動詞【6】

【活用】せ／し／す／する／すれ／せよ

□□□
009

す ★☆☆

訳 する

即決POINT
※ものす（サ変） する・いる・ある・行く・来る・生まれる・死ぬ もセットで覚える。

□□□
010

おはす ★★☆

訳 ❶いらっしゃる（「あり」の尊敬語） ❷おいでになる（「行く」「来」の尊敬語）

□□□
011

ぐす【具す】 ★★☆

訳 ❶一緒に行く ❷連れ添う ❸備わる・揃う

□□□
012

こうず【困ず】 ★★★

訳 ❶非常に疲れる ❷困る

013 ★★☆
ねんず【念ず】
訳 ❶我慢する ❷心の中で祈る・願う

014 ★★☆
そうす【奏す】
訳 ❶（天皇・上皇・法皇に）申し上げる・奏上する ❷演奏する

即決POINT
※けいす［啓す］（サ変）《中宮・東宮に》申し上げる とセットで覚える。

ナ行変格活用動詞【2】
【活用】な／に／ぬ／ぬる／ぬれ／ね

015 ★☆☆
しぬ【死ぬ】
訳 死ぬ

□□□
016
いぬ【往ぬ・去ぬ】
★☆☆
訳 ❶死ぬ ❷立ち去る ❸過ぎ去る

ラ行変格活用動詞【4】

【活用】ら／り／り／る／れ／れ

□□□
017
あり【有り】
★☆☆
訳 ❶いる・ある ❷住む・暮らす ❸すぐれたところがある ❹繁栄して暮らす ❺経過する

□□□
018
をり【居り】
★☆☆
訳 ❶座っている ❷存在する・いる

□□□
019
はべり【侍り】
★☆☆
訳 ❶お仕えする（「あり・居り」の謙譲語）
❷あります・ございます（「あり・居り」の丁寧語）

□□□
020

★☆☆
いまそかり
いまそがり
いますがり
みまそかり
みまそがり

訳

❶いらっしゃる(「あり」の尊敬語)
[補助動詞](用言の連用形などに付いて)
❷〜て(で)いらっしゃる

2日目

四段活用動詞【33】

「ず」をつけて判断する活用の動詞①

【活用】a／i／u／u／e／e

□□□
021

★☆☆
あく【飽く】

訳 ❶満足する ❷飽きる

即決POINT
※打消の助動詞「ず」を後ろに伴う場合「飽きず」ではなく「飽かず」となる。
※現代語の上一段活用動詞は古文では上二段動詞であるものが多い。

□□□
022

★★☆
あそぶ【遊ぶ】

訳 ❶（詩歌管弦を）楽しむ ❷（楽器を）演奏する ❸狩りをする ❹気ままに動き回る

□□□
023

★★☆
あふ【逢ふ・会ふ】

訳 ❶結婚する ❷出会う ❸向かう ❹争う

即決POINT
※見る（マ行上一段）・語らふ（ハ行四段）・通ふ（ハ行四段）…結婚する

□□□
024

ありく【歩く】 ★★☆

訳
❶行き来する ❷あるく・訪問する
［補助動詞］（用言の連用形などに付いて）
❸～してまわる ❹ずっと～して過ごす

即決POINT
※「ありく」と「あゆむ」の違い
「ありく」は広く移動することを表し、人以外に動物・車・舟などの移動にも用いる。
一歩一歩の歩行の意味には「あゆむ」を用いた。

□□□
025

おこなふ【行ふ】 ★★☆

訳
❶仏道修行をする ❷治める・支配する
❸執り行う

□□□
026

おどろく【驚く】 ★★☆

訳
❶目を覚ます ❷はっと気がつく
❸びっくりする

即決POINT
※驚かす（サ行四段） ❶起こす ❷気づかせる ❸びっくりさせる

□□□
027

★★☆
おぼす【思す】

訳 お思いになる（「思ふ」の尊敬語・「おもほす」も同じ）

即決POINT
※思し召す（サ行四段）　お思いになる（「おぼす」より強い敬意を示す）

□□□
028

★★★
かきくらす【搔き暗す】

訳 ❶落ち込む・悲しみにくれる　❷あたり一面を暗くする

□□□
029

★★☆
かしづく

訳 ❶大事に育てる　❷後見する

□□□
030

★☆☆
かる【借る】

訳 借りる

即決POINT
※上二段ではない。打消の助動詞「ず」を後ろに伴う場合「借りず」ではなく「借らず」となる。
※かる［離る］（ラ行下二段）　❶疎遠になる　❷間があく・途絶える　❸離れる

031

★★☆

きこしめす【聞こし召す】

訳 ❶お聞きになる（「聞く」の尊敬語） ❷召し上がる（「食ふ」「飲む」の尊敬語） ❸承知なさる（「聞き入る」の尊敬語） ❹気にかけなさる ❺お治めになる（「治む」の尊敬語）

即決POINT ※聞こえさす（サ行下二段） 申し上げる（「言ふ」の謙譲語） と混同しないこと。

032

★☆☆

くどく【口説く】

訳 ❶繰り返して言う・くどくど言う ❷繰り返し祈る

即決POINT ※くどく［功徳］（名詞） ❶（現在または未来に神仏のよい報いを受けられる）善行 ❷善行のもたらすよい結果 と混同しないこと。

033

★★☆

さはる【障る】

訳 ❶都合が悪くなる ❷妨げられる・邪魔される

□□□
034

さぶらふ・さうらふ【候ふ・侍ふ】
★★☆

訳

❶お仕え申し上げる・お側にお控え申し上げる（「仕ふ」の謙譲語） ❷参る（「行く」「来」の謙譲語） ❸（貴人のそばに）あります（「あり」の謙譲語） ［補助動詞］（活用語の連用形、助詞「て」に付いて丁寧の意を表す） ❹～であります・～て（で）ございます

□□□
035

しのぶ【偲ぶ】【忍ぶ】

【偲ぶ】★★☆

訳

❶思い起こす ❷めでる ❸思い慕う

【忍ぶ】★★☆

訳

❶我慢する ❷人目を避ける ❸秘密にする

即決POINT

※上二段活用の用例もある。
※敢ふ（ハ行下二）・念ず（サ変）…我慢する

036
たてまつる【奉る】
★★☆
訳 ❶差し上げる・献上する（「与ふ・贈る」の謙譲語）❷召し上がる・お召しになる（「食ふ・飲む・着る」の尊敬語）❸お乗りになる（「乗る」の尊敬語）❹参上させる（「遣る」の謙譲語）［補助動詞］（動詞や助動詞「る・らる・す・さす・しむ」の連用形に付いて謙譲の意を表す）❺～申し上げる

037
ためらふ【躊躇ふ】
★★☆
訳 ❶心を静める・感情を抑える ❷養生する ❸躊躇する

即決POINT ※やすらふ［休らふ］❶ためらう（「ためらふ」にもこの意味があるが、「やすらふ」が一般的）❷滞在する・その場に留まる ❸休む・休憩する ❹休ませる・ゆるめる

038
たる【足る】
★☆☆
訳 ❶満足する ❷（～に）値する ❸充分である

即決POINT ※上二段ではない。打消の助動詞「ず」を後ろに伴う場合「足りず」ではなく「足らず」となる。

□□□
039

★★☆
ときめく【時めく】

訳
❶寵愛を受けて栄える ❷時流に乗って栄える

即決POINT
※時めかす（サ行四段） 寵愛する・かわいがる

□□□
040

★★★
とぶらふ【訪ふ・弔ふ】

訳
❶見舞う ❷供養する・冥福を祈る ❸尋ねる・問う ❹訪問する ❺探し求める

□□□
041

★★☆
なやむ【悩む】

訳
❶病気になる ❷困る・苦労する ❸非難する・困らせる

即決POINT
※怠る（ラ行四段） ❶（病気が）よくなる・快方に向かう ❷なまける・休む

□□□
042

★★☆
ならふ【慣らふ】

訳
❶親しくなる・なつく ❷慣れる

□□□
043

ののしる【罵る】
★★☆

訳
❶大声で騒ぐ・大きな音を立てる ❷噂する・評判になる ❸勢力をもつ ❹口やかましく言う

□□□
044

まうす【申す】
★★☆

訳
❶申し上げる（「言ふ」の謙譲語） ❷お願いする（「願ふ」「請ふ」の謙譲語） ❸いたす・してさしあげる（「す」「なす」の謙譲語） ❹言います・申します（「言ふ」の丁寧語） ［補助動詞］（動詞の連用形などに付いて謙譲の意を表す） ❺お～申し上げる・ご～申し上げる

即決POINT
※聞こゆ（ヤ行下二）・聞こえさす（サ行下二）　申し上げる（「言ふ」の謙譲語）
※のたまふ（ハ行四段）・のたまはす（サ行下二）・おほす（サ行下二）　おっしゃる（「言ふ」の尊敬語）

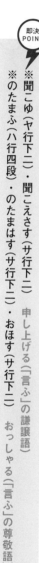

045

まかる【罷る】 ★★☆

訳 ❶退出する・おいとまする（「退く」「去る」の謙譲語） ❷下向する（高貴な場所・都から地方へ行くこと） ❸参上する（「行く」の謙譲語） ❹参ります（「行く」の丁寧語） ［ほかの動詞の上に連用形が付いて謙譲・丁寧の意を表す］ ❺〜ます。〜いたします。

即決POINT
※まかづ［罷づ］退出する・おいとまする（「退く」「去る」の謙譲語）

046

ます【坐す】 ★★☆

訳 ❶いらっしゃる・おいでである（「あり」の尊敬語） ❷いらっしゃる・おいでになる（「行く」「来」の尊敬語） ［補助動詞］（動詞の連用形などに付いて尊敬の意を表す） ❸〜て（で）いらっしゃる・お〜になる

即決POINT
※坐します
「あり」の尊敬語（用言の連用形、助動詞「なり」「す」「さす」の連用形、またそれらに助詞「て」が付いた形に付いて尊敬の意を表す）〜て（で）いらっしゃる・〜て（で）おいでである

□□□
047

★★☆

まねぶ【学ぶ・真似ぶ】

訳

❶勉強する・教わって身につける ❷まねる ❸そのまま伝える

□□□
048

★★★

まもる【守る】

訳

❶見つめる・見守る ❷見張る

□□□
049

★★☆

まゐる【参る】

訳

❶参上する（「行く」の謙譲語） ❷（神社・寺院に）参詣する（「行く」の謙譲語）
❸（天皇・皇太子の妃として）入内する（「行く」の謙譲語） ❹参ります（「行く」の丁寧語）
❺差し上げる（「与ふ」の謙譲語） ❻してさしあげる（「す」「仕ふ」の謙譲語）
❼召し上がる（「食ふ」「飲む」の尊敬語） ❽なさる（「す」の尊敬語）

即決POINT

※まうづ［詣づ］参る（「行く」の謙譲語） 参詣する
※まかる［罷る］・まかづ［罷づ］退出する・おいとまする（「退く」「去る」の謙譲語）

□□□
050

★★☆

めす［召す］

訳

❶お呼びになる・お召しになる（「呼ぶ」「招く」の尊敬語） ❷お取り寄せになる（「取り寄す」の尊敬語） ❸召し上がる（「食ふ」「飲む」の尊敬語） ❹お召しになる（「着る」の尊敬語）

□□□
051

★★★

やつす［俏す・窶す］

訳

❶みすぼらしい姿にする ❷出家姿（僧や尼の姿）に変装する

即決POINT

※かたちを変ふ・御髪おろす・世を捨つ・世をそむく・世を離る…出家する

※やつる［俏る・窶る］❶目立たなくなる・みすぼらしくなる・粗末になる・簡素になる ❷衰える・見ばえがしなくなる

□□□
052

★★☆

やる［遣る］

訳

❶派遣する ❷（手紙・物を）送る・贈る ❸慰める ❹与える ［補助動詞］（動詞の連用形に付いて）❺遠く～する ❻すっかり～する・すっかり～する・～しきる（打消しの語を伴って「～しきらず・～しきれず」となることが多い）

□□□
053

即決POINT
※おこす（遣す）　❶よこす・送ってくる　［補助動詞］（動詞の連用形に付いて）❷こちらへ（を）～する

★★★ ゐざる［居ざる］

訳
❶座ったまま、膝《ひざ》や尻《しり》などで移動する
❷（船などが）のろのろと進む

上二段活用動詞【5】

【活用】i／i／u／uる／uれ／iよ

□□□
054

★★☆

うらむ【恨む】

訳 ❶嘆く・悲しむ ❷憎む ❸恨み言を言う ❹仕返しをする ❺（虫や風が）悲しげに音を立てる

即決POINT
※打消の助動詞「ず」を後ろに伴う場合「恨まず」ではなく「恨みず」となる。
※四段で使用されるのは近世以降、基本は上二段。

□□□
055

★☆☆

おづ【怖づ】

訳 恐れる・怖がる

即決POINT
※ザ行ではなくダ行。とづ［閉づ］・はづ［恥づ］なども同様。

□□□
056

★☆☆

こふ【恋ふ】

訳 なつかしく思う・（異性を）恋い慕う

□□□
057

おゆ［老ゆ］

★☆☆

訳 ❶年を取る・老いる ❷衰える・盛りを過ぎる

即決POINT

※四段ではない。 ※打消の助動詞「ず」を後ろに伴う場合「恋はず」ではなく「恋ひず」となる。
※おふ［生ふ］生える・伸び育つ ※打消の助動詞「ず」を後ろに伴う場合「生ひず」となる。
※しふ［強ふ］無理に押しつける ※打消の助動詞「ず」を後ろに伴う場合「強ひず」となる。

□□□
058

ふる［古る］

★★☆

訳 ❶年月が経つ ❷老いる ❸古びる・ありふれる

即決POINT

※ヤ行上二段は3語のみ。
おゆ［老ゆ］❶年を取る・老いる ❷衰える・盛りを過ぎる
くゆ［悔ゆ］後悔する・悔やむ
むくゆ［報ゆ］恩を返す・仕返しをする

※四段ではない。 ※打消の助動詞「ず」を後ろに伴う場合「古らず」ではなく「古りず」となる。

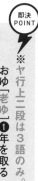

下二段活用動詞【15】

【活用】e／e／u／uる／uれ／eよ

□□□ 059

★★☆ あくがる【憧る】

訳 ❶上の空になる ❷さまよう ❸心が離れる・疎遠になる

□□□ 060

★★☆ いらふ【答ふ・応ふ】

訳 答える・返事をする

□□□ 061

★☆☆ う【得】

訳 ❶手に入れる ❷得意とする

即決POINT

※ア行の動詞は3語のみ（すべて下二段活用）

う［得］❶手に入れる ❷得意とする

こころう［心得］❶理解する ❷精通する ❸受け入れる

ところう［所得・処得］❶よい地位を得る ❷得意になる

□□□
062

うう

★☆☆

即決POINT

※ワ行下二段は3語のみ。
うう［植う］植える
うう［飢う］飢える
すう［据う］❶置く・据える　❷住まわせる　❸設置する　❹位につかせる

□□□
063

おきつ［掟つ］

★★☆

訳―❶命令する　❷計画する　❸管理する

□□□
064

おくる［後る・遅る］

★★☆

訳―❶先立たれる　❷遅れる　❸取り残される　❹劣る

即決POINT

※さきだつ［先立つ］❶先に死ぬ　❷先に進む　❸先に起こる　❹先に行う

□□□
065

おぼゆ【覚ゆ】

★★☆

訳 ❶(自然に)思われる・感じられる ❷思い出される ❸似ている

即決POINT

※「おもふ[思ふ]」の関連語はセットで覚える

おもふ[思ふ]❶感じる・考える ❷心配する・悩む ❸懐かしむ ❹恋しく思う ❺願う ❻想像する

おもほゆ[思ほゆ](自然に)思われる

おぼゆ[覚ゆ]❶(自然に)思われる・感じられる ❷思い出される ❸似ている

おぼす[思す]お思いになる(「思ふ」の尊敬語)

おもほす[思ほす]お思いになる(「思ふ」の尊敬語)

おぼしめす[思し召す]お思いになる・お思いあそばす(「思ふ」の尊敬語)

□□□
066

かくる【隠る】

★★☆

訳 ❶亡くなる(「死ぬ」の婉曲表現) ❷隠れる

即決POINT

※四段活用の用法もある(奈良時代)

※「死ぬ」の婉曲表現

雲隠る・失す・まかる・みまかる(身罷る)・消ゆ・絶ゆ・果つ・いたづらになる・はかなくなる・むなしくなる・あさましくなる・いかにもなる

□□□
067
きこゆ【聞こゆ】 ★★☆

訳 ❶聞こえる ❷評判になる ❸申し上げる（「言ふ」の謙譲語）【補助動詞】（動詞の連用形などに付いて謙譲の意を表す） ❹お〜申し上げる・ご〜申し上げる

□□□
068
きす【着す】 ★★☆

訳 ❶身につけさせる ❷（恩・恨みなどを）受けさせる

即決POINT
※カ行ではなく、サ行の下二段動詞
※着る（カ行上一段）と区別する

□□□
069
ながむ【眺む】 ★★★ 【詠む】 ★★★

【眺む】訳 ❶（ぼんやりと）物思いに沈む・（物思いにふけりながら）ぼんやりと見やる ❷見やる・見渡す・眺める

【詠む】訳 （声を長く引いて）吟ずる・詠《よ》む・（詩歌を）口ずさむ・詩歌をつくる

□□□
070

ぬ【寝】
★☆☆

訳　寝る・眠る・横になる

即決POINT

※一字の下二段動詞3つはセットで覚える。

う［得］（ア行下二段）　［活用］え／え／う／うる／うれ／えよ　❶手に入れる　❷得意とする

ふ［経］（ハ行下二段）　［活用］へ／へ／ふ／ふる／ふれ／へよ　❶時がたつ・年月が過ぎる・過ぎ去る　❷通る・通り過ぎる

ぬ［寝］（ナ行下二段）　［活用］ね／ね／ぬ／ぬる／ぬれ／ねよ　寝る・眠る・横になる

□□□
071

まうく【設く・儲く】
★★☆

訳　❶準備する　❷（妻や子を）持つ　❸こしらえる　❹手に入れる　❺（病に）かかる

即決POINT

※いそぐ［急ぐ］❶支度する・準備する　❷急ぐ

□□□
072

みす【見す】
★★☆

訳　❶見せる　❷嫁がせる・結婚させる　❸占わせる・判断させる

□□□

073

めづ［愛づ］

★★☆

訳

❶賞賛する・ほめる　❷愛する

❸好む・気に入る　❹感動する

即決POINT

※「みる［見る］」に関連する動詞をセットで覚える

みる［見る］（マ行上一段）　❶男女の仲になる・結婚する　❷見る　❸見て思う・見て判断する　❹面倒を見る　❺経験する　［補助動詞］（動詞の連用形、助詞「て」に続いて）❻ためしに～する

みす［見す］（サ行下二段）　❶見せる　❷嫁がせる・結婚させる　❸占わせる・判断させる

みゆ［見ゆ］（ヤ行下二段）　❶見える　❷見られる　❸結婚する・妻になる　❹姿を見せる　❺対面する　❻見せる・思わせる　❼思われる

ごらんず［御覧ず］（サ行変格）　御覧になる（「見る」の尊敬語）

□□□
074

いる［入る］★☆☆

訳
（ラ行四段）❶はいる ❷沈む・没する ❸達する ❹（心に）しみる
［補助動詞］（動詞の連用形に付いて）❺すっかり～（のように）なる・ほとんど～（に）なる
（ラ行下二段）❶いれる ❷加える ❸こめる
［補助動詞］（動詞の連用形に付いて）❹～いれる（「受け入れる」「中に入れる」の意）

即決POINT
※ヤ行動詞の「いる［射る・鋳る・沃る］」と混同しないこと。

□□□
075

かまふ［構ふ］★★★

訳
（ハ行四段）❶かかわる ❷追放する
（ハ行下二段）❶つくる ❷準備する・備える
❸身構える・振る舞う

□□□
076

そばむ【側む】 ★★★

訳

（マ行四段）❶横を向く ❷よそよそしくする ❸偏る

（マ行下二段）❶（顔を）横に向ける ❷（目を）そむける ❸傍らに押しやる

□□□
077

たのむ【頼む】 ★★☆

訳

（マ行四段）❶あてにする・期待する ❷仕える・主人とする

（マ行下二段）あてにさせる・期待させる

即決POINT

※たのもし（形容詞）❶裕福だ ❷心強い・頼りになる ❸期待できる・楽しみだ

□□□
078

たまふ【給ふ・賜ふ】★★☆

訳
（ハ行四段）❶お与えになる・下さる（「与ふ」の尊敬語）❷（命令形で）しなさい
［補助動詞］（動詞や助動詞「る・らる・す・さす・しむ」の連用形に付いて尊敬の意を表す）
❸〜なさる・お〜になる
（ハ行下二段）❶頂く・頂戴する（「受く」「飲む」「食ふ」の謙譲語）
［補助動詞］（知覚動詞「見る・聞く・思ふ・知る」の連用形に付いて謙譲の意を表す）
❷〜申し上げる・〜させて頂く

即決POINT

※謙譲の補助動詞として使用されるのは手紙・会話文のみ。
※謙譲の補助動詞として使用される場合、上には「見る・聞く・思ふ・知る」の連用形しか来ない。この４つの動詞には「動作の受け手」が存在しないため、敬意の方向は手紙の読み手と会話の聞き手に絞られる（丁寧語と同じになる）。
※たぶ［賜ぶ・給ぶ］
（バ行四段）❶お与えになる・下さる（「与ふ」の尊敬語）
［補助動詞］（動詞の連用形、またはそれに接続助詞「て」が続いた形に付いて尊敬の意を表す）
❷〜なさる・お〜になる
（バ行下二段）❶頂く（「飲む・食ふ」の謙譲語）❷いただく・食べる（「飲む・食ふ」の丁寧語）

□□□
079

にほふ［匂ふ］★★★

訳

（ハ行四段）❶美しさがあふれている　❷美しく咲いている・美しく映える　❸染まる　❹快く香る　❺香らせる

（ハ行下二段）染める・色づける

即決POINT

※視覚的な意味合いを持つ言葉であることに注意。

□□□
080

★★☆
あらまほし

訳 望ましい・理想的だ

即決POINT
※あらまし
［名詞］願望・期待・予想・あらすじ
［副詞］だいたい・おおよそ

□□□
081

★★☆
うしろやすし【後ろ安し】

訳 先が安心だ・心配がない・気安い

即決POINT
※やすし
［安し］❶心が穏やかだ・平穏だ　❷軽々しい・安っぽい
［易し］❶容易だ　❷無造作だ・あっさりしている
※めやすし［目安し・目易し］見た目に感じがよい・見苦しくない

□□□ 082

★★☆

うつくし【美し】

訳 ❶かわいい・愛らしい ❷いとしい ❸見事だ・立派だ・申し分ない ❹美しい

□□□ 083

★★☆

うるせし

訳 ❶すぐれている・巧みだ ❷賢い・気が利く

即決POINT

※うるさし ❶立派だ ❷行き届いている ❸めんどうだ ❹いやみだ

□□□ 084

★★☆

うるはし【麗し】

訳 ❶壮大で美しい・立派だ ❷整っている・端正だ ❸きまじめだ ❹親密だ・誠実だ ❺色鮮やかだ

□□□ 085

★★☆

おとなし【大人し】

訳 ❶分別がある ❷大人だ ❸年配だ ❹穏やかだ・静かだ

□□□ 086

★☆☆

おもしろし【面白し】

訳 ❶趣がある・風流だ ❷楽しい ❸珍しい

□□□
087

かしこし【畏し】★★☆【賢し】★★☆

訳 ❶おそれおおい ❷恐ろしい ❸高貴だ・貴い

訳 ❶賢い・賢明だ ❷立派だ ❸巧みだ ❹都合がよい

即決POINT
※ゆゆし ❶恐れ多い・神聖だ ❷不吉だ ❸甚だしい・ひどい ❹すばらしい・立派だ
※「かしこし」は畏敬の念、「ゆゆし」は不吉なものを恐れる気持ち。

□□□
088

かなし【愛し】★★☆【悲し】★★☆

訳 ❶いとしい ❷すばらしい・心がひかれる

訳 ❶悲しい ❷不憫だ ❸悔しい ❹貧しい

□□□
089

くまなし【隈無し】★★☆

訳 ❶かげりがない ❷精通している・行き届いている

□□□
090
さうなし【双無し】★★★
【左右無し】★★★
訳 すばらしい・比べるものがない・比類ない
訳 ❶どちらとも決められない ❷無造作だ・簡単だ

即決POINT
※またなし【又無し】この上ない・ふたつとない

□□□
091
★☆☆
さとし【聡し】
訳 賢い・理解が早い

□□□
092
★★☆
つきづきし【付き付きし】
訳 ふさわしい・につかわしい・しっくりきている

□□□
093
★★★
なつかし【懐かし】
訳 ❶心がひかれる・好ましい・親しみが持てる ❷昔が思い出されて慕わしい

□□□
094
★★☆
なまめかし【艶めかし】
訳 ❶優美だ・上品だ・みずみずしい ❸色っぽい ❷若々しい・

即決POINT
※なまめく（カ行四段）❶上品である ❷みずみずしくて美しい ❸色っぽくする・好色そうな態度を取る

□□□
095
★★★
はかばかし【果果し】
訳 ❶有能だ ❷頼りになる ❸際立っている ❹本格的だ

□□□
096
★★☆
まめまめし【実実し】
訳 ❶まじめだ・本気だ ❷実用的だ

即決POINT
※まめなり【実なり】（形容動詞）❶誠実だ・まじめだ ❷実用的だ ❸勤勉だ ❹健康だ

□□□
097
★★☆
めづらし【珍し】
訳 ❶すばらしい ❷見慣れない ❸新鮮だ

□□□
098

めでたし

★★☆

訳
❶すばらしい・見事だ・立派だ　❷喜ばしい

□□□
099

やむごとなし

★★☆

訳
❶格別だ・この上ない　❷高貴だ

即決POINT

※あてなり［貴なり］（形容動詞）❶高貴だ・身分、家柄が高い　❷上品だ・優美だ

□□□
100

ゆかし

★★★

訳
❶見たい・聞きたい・知りたい　❷心がひかれる

即決POINT

※いぶかし［訝し］❶気がかりだ　❷不審だ　❸知りたい・見たい・聞きたい

「ゆかし」は興味や愛着のあるものを知りたくなる気持ち、「いぶかし」は不審なものを明らかにしたい気持ち。

※いぶせし　❶うっとおしい・気が晴れない　❷気がかりだ　❸不快だ

「いぶせし」は気分が晴れない様子、「いぶかし」は様子を明らかにしたい様子。

1日目 2日目 3日目 4日目 5日目 6日目 7日目 8日目 9日目 10日目

□□□
101

よし［良し・好し・善し］

★★☆

訳
❶立派だ　❷美しい　❸すぐれている・賢い　❹高貴だ・上品だ
❺栄えている・豊かだ　❻巧みだ　❼感じがよい　❽ふさわしい　❾親密だ

即決POINT
※よろし［宜し］わるくない
※わろし［悪し］よくない
※あし［悪し］❶悪い　❷みすぼらしい・賤しい　❸下手だ　❹不都合だ
※まさなし［正無し］よくない・不都合だ・見苦しい・予想外だ

□□□
102

らうたし［労たし］

★★☆

訳
かわいらしい・いとおしい

即決POINT
※らうたげなり［労たげなり］（形容動詞）　かわいらしい

□□□
103

らうらうじ［労労じ］

★★☆

訳
❶上品だ　❷巧みだ・洗練されている

□□□
104

をかし
★★☆

訳

❶滑稽だ　❷すぐれている・すばらしい　❸風情がある
❹美しい・優美だ　❺心がひかれる・おもしろい

□□□
105

をさをさし［長長し］
★★★

訳

しっかりしている・きちんとしている

□□□
106
★★☆
あいなし
訳
❶不快だ ❷つまらない ❸不似合いだ

□□□
107
★★☆
あさまし【浅まし】
訳
❶驚くばかりだ ❷情けない・興ざめだ
❸あきれるほどひどい
❹見苦しい・みっともない

即決POINT
※あさむ［浅む］（マ行四段）❶驚きあきれる ❷あなどる・見下す

□□□
108
★★★
あたらし【惜し】
訳
惜しい・もったいない

即決POINT
※をし［惜し］残念だ・惜しい・心残りだ

※あらたし［新し］新しい
「あたらし」は客観的、「をし」は主観的。
［愛し］いとしい・かわいい

□□□
109
★★★
あだし［徒し］
訳 はかない・変わりやすい

□□□
110
★★★
あだあだし［徒徒し］
訳 浮気だ・移り気だ・誠意がない

□□□
111
★★★
あぢきなし
訳 ❶思うようにならない ❷つまらない ❸道理に合わない ❹はかない・世が無常だ

□□□
112
★★★
あつし［篤し］
訳 病気が重い・病気がちである

□□□
113
★★☆
あへなし［敢へ無し］
訳 ❶どうしようもない ❷がっかりする

□□□
114
あやし【怪し・奇し】★★☆
【賤し】★★☆
訳 ❶不思議だ ❷変だ ❸みなれない ❹甚だしい ❺不都合だ ❻不安だ
訳 ❶身分が低い・卑しい ❷みすぼらしい・みっともない・見苦しい

即決POINT
※いやし【卑し・賤し】❶身分が低い ❷粗末だ ❸けちだ ❹下品だ

□□□
115
あやなし【文無し】★★★
訳 ❶道理に合わない ❷つまらない・無意味だ・取るに足りない

□□□
116
いぎたなし【寝汚し】★★★
訳 ❶寝坊だ ❷ぐっすり寝込んでいる

□□□
117
いとけなし【幼けなし・稚けなし】★★☆
訳 幼い・あどけない・子どもっぽい

□□□
118

★★☆
いふかひなし［言ふ甲斐無し］

訳
❶言っても仕方ない・どうしようもない ❷身分が低い
❸つまらない・情けない ❹たわいない・幼稚である

即決POINT
※いときなし・いはけなし…幼い・あどけない・子どもっぽい
※をさなし［幼し］❶幼い ❷幼稚だ・子どもっぽい

□□□
119

★★☆
いまいまし［忌ま忌まし］

訳
❶不吉だ ❷慎むべきだ
❸憎らしい

即決POINT
※ゆゆし ❶恐れ多い・神聖だ ❷不吉だ ❸甚だしい・ひどい ❹すばらしい・立派だ
「いまいまし」は不吉なものを避ける気持ち、「ゆゆし」は神聖なもの・不浄なものの両方に近づくことを避ける気持ち。

□□□
120
★★☆
うし【憂し】
訳
❶つらい ❷いやだ ❸恨めしい
［補助形容詞］（動詞の連用形に付いて）～するのがつらい

□□□
121
★★☆
うしろめたし【後ろめたし】
訳
❶先が気がかりだ ❷やましい・気がとがめる

□□□
122
★★☆
うたてし
訳
❶いやだ・情けない・気に食わない・がっかりする
❷気の毒だ

□□□
123
★★☆
おどろおどろし
訳
❶おおげさだ ❷気味が悪い・おそろしい

□□□
124
★★★
おほけなし
訳
❶身の程知らずだ・分不相応だ ❷恐れ多い

□□□
125

★★☆

かしかまし

即決POINT

※かまし　やかましい

訳　やかましい・うるさい

□□□
126

★★☆

かたはらいたし［傍ら痛し］

訳　❶きまりが悪い　❷みっともない　❸気の毒だ

□□□
127

★★☆

かひなし［甲斐無し］

訳　❶どうにもならない・無駄である　❷取るに足りない

□□□
128

★★☆

くちをし［口惜し］

訳　❶情けない・つまらない　❷残念だ

□□□
129

★★☆
けし【異し・怪し】
訳 ❶異様だ・好ましくない ❷不審だ

即決POINT
※「けしからず」「けしうはあらず」…わるくはない・まあまあだ

□□□
130

★★☆
こころづきなし【心付き無し】
訳 気に食わない・心がひかれない

□□□
131

★★☆
こころなし【心無し】
訳 ❶風流心がない ❷分別がない ❸無情だ

□□□
132
★★☆
さうざうし【寂寂し】
訳
物足りない・心寂しい

□□□
133
★★☆
さがなし【性無し】
訳
❶意地悪だ ❷いたずらだ・やんちゃだ ❸口うるさい・口が悪い

□□□
134
★★★
しどけなし
訳
❶だらしない・しまりがない ❷気楽だ・くつろいでいる

□□□
135
★★☆
つきなし【付き無し】
訳
❶ふさわしくない ❷取り付くすべがない・手がかりがない

□□□
136
★★☆
つらし【辛し】
訳
❶薄情だ・冷淡だ・つれない ❷つらい・苦痛だ

□□□
137
★★☆
つれなし
訳
❶素知らぬふうだ ❷冷淡だ・薄情だ ❸ままならない・思うようにならない ❹何事もない

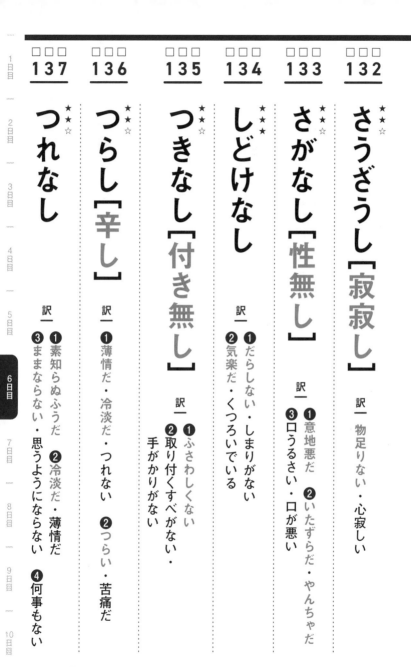

□□□
138
★★☆
ところせし【所狭し】
訳
❶窮屈だ・気づまりだ　❷その場にいっぱいだ・余地がない　❸おおげさだ　❹煩わしい・面倒だ　❺厄介だ・困る

□□□
139
★★☆
なさけなし【情無し】
訳
❶風情がない・興ざめだ　❷薄情だ

□□□
140
★★☆
なめし
訳
無礼だ・無作法だ

即決POINT
※なめげなり（形容動詞）　無礼だ・失礼だ

□□□
141
★★☆
ねたし【妬し】
訳
悔しい・憎らしい

□□□
142

はかなし【果無し・果敢無し】 ★★☆

訳
❶むなしい・あっけない ❷粗末だ・取るに足りない ❸何ということもない ❹幼い

□□□
143

はしたなし【端無し】 ★★☆

訳
❶不似合いだ・中途半端だ ❷きまりが悪い ❸そっけない・無愛想だ ❹激しい・甚だしい

□□□
144

ひがひがし【僻僻し】 ★★☆

訳
❶素直でない・情趣を解さない ❷みっともない ❸調子が変だ・普通でない

即決POINT
※ひがこと［僻事］（名詞）❶間違い・誤り・過ち ❷悪事・非道

□□□
145

びんなし【便無し】★★☆

訳
❶都合が悪い ❷かわいそうだ
❸感心できない

即決POINT
※ふびんなり［不便なり］（形容動詞）❶都合が悪い ❷かわいそうだ・気の毒だ
❸かわいい・いとしい

□□□
146

ほいなし【本意無し】★★☆

訳
❶不本意だ ❷残念だ・期待外れだ

即決POINT
※ほい［本意］（名詞）宿願・かねてからの願い・本来の目的・本来の志
※こころざし［志］（名詞）❶愛情・誠意 ❷お礼の贈り物・謝礼 ❸かねてからの意向 ❹追善供養

□□□
147

むつかし【難し】★★☆

訳
❶不快だ ❷気味が悪い・見苦しい ❸面倒だ

□□□
148

ものし ★★★

訳
❶気に食わない・目ざわりだ ❷不気味だ・不吉だ

□□□
149
よしなし［由無し］
★★☆
訳
❶つまらない ❷理由がない
❸手段がない

□□□
150
らうがはし［乱がはし］
★★☆
訳
❶やかましい
❷ごたごたしている
❸無作法だ・だらしがない

□□□
151
わびし［侘し］
★★☆
訳
❶つらい ❷つまらない ❸閉口する
❹貧しい ❺物寂しい

□□□
152
をこがまし［痴がまし］
★★☆
訳
❶ばかげている・みっともない
❷出すぎている・さしでがましい

即決POINT
※をこ［痴］（名詞） ばかげたこと
※をこなり［痴なり］（形容動詞） ばかげている・間が抜けている

7日目 プラスマイナス両方の意味を持つ形容詞【22】

□□□
153
★★☆
いたし【甚し】
訳 ❶すばらしい ❷甚だしい

□□□
154
★★☆
いとほし
訳 ❶気の毒だ・かわいそうだ ❷困る・いやだ ❸かわいい

□□□
155
★★☆
いまめかし【今めかし】
訳 ❶現代風だ・目新しい ❷軽薄だ・わざとらしい

□□□
156
★★☆
いみじ
訳 ❶甚だしい ❷すばらしい・よい ❸ひどい・恐ろしい

□□□
157
★★☆
うるさし
訳
❶立派だ ❷行き届いている
❸めんどうだ ❹いやみだ

即決POINT
※うるせし ❶すぐれている・巧みだ ❷賢い・気が利く

□□□
158
★★☆
おぼつかなし【覚束なし】
訳
❶はっきりしない ❷気がかりだ
❸待ち遠しい ❹不審だ

□□□
159
★★☆
かたじけなし【忝し・辱し】
訳
❶恐れ多い ❷面目ない・恥ずかしい ❸ありがたい・もったいない

□□□
160
★★☆
こころにくし【心憎し】
訳
❶奥ゆかしい・心がひかれる・上品で美しい ❷恐ろしい・気がかりだ ❸怪しい

□□□ 161

★★☆ こころもとなし［心許なし］

訳 ❶じれったい・待ち遠しい ❷気がかりだ ❸かすかだ・ぼんやりしている

□□□ 162

★★☆ さかし［賢し］

訳 ❶利口ぶっている・生意気だ・こざかしい ❷賢い・しっかりしている ❸気が利いている

□□□ 163

★★☆ しげし［繁し］

訳 ❶多い ❷多くてうるさい ❸絶え間ない ❹(草木が)茂っている

□□□ 164

★★☆ しるし［著し］

訳 明白である・はっきりわかる

□□□ 165

★★★ すごし［凄し］

訳 ❶気味が悪い ❷もの寂しい・ぞっとするほど寂しい ❸ぞっとするほど素晴らしい ❹殺風景だ・冷ややかだ

□□□
166
★★☆
すさまじ【凄じ】
訳 ❶興ざめだ ❷殺風景だ・情趣がない ❸冷たい・寒い ❹ものすごい・激しい・ひどい

□□□
167
★★☆
ずちなし【術無し】
訳 どうしようもない・つらい

□□□
168
★★☆
せむかたなし【為む方無し】
訳 どうしようもない

□□□
169
★★☆
はづかし【恥づかし】
訳 ❶（こちらが気恥ずかしくなるほど）立派だ・すぐれている ❷気づまりだ・気が引ける・気恥ずかしい

□□□
170
★★★
まばゆし【目映し・眩し】
訳 ❶まぶしいほど美しい・際立ってすばらしい ❷恥ずかしい・きまりが悪い ❸見ていられない ❹まぶしい

□□□
171

★★☆
めざまし［目覚まし］

訳
❶気に食わない・目にあまる
❷思いのほか素晴らしい

□□□
172

★★★
やさし［恥し］

訳
❶つらい　❷きまりが悪い　❸慎み深い

★★☆
［優し］

訳
❶上品だ・優美だ　❷けなげだ・感心だ

□□□
173

★★☆
ゆゆし

訳
❶恐れ多い・神聖だ　❷不吉だ　❸甚だしい・ひどい
❹すばらしい・立派だ

□□□
174

★★☆
わりなし

訳
❶ひどい・はなはだしい・この上ない　❷たまらなくつらい　❸どうしようもない　❹無理やりだ・分別がない　❺この上なくすぐれている

中性的形容詞【5】

□□□ 175

★☆☆ あかし【明かし】

訳 ❶明るい ❷清らかだ・偽りがない

□□□ 176

★☆☆ あらたし【新し】

訳 新しい

即決POINT

※あたらし【惜し】惜しい・もったいない

□□□ 177

★★☆ かたし【難し】

訳 ❶めったにない ❷難しい

□□□
178

つつまし［慎まし］★★★

訳　❶きまりが悪い　❷気が引ける・遠慮される

□□□
179

とし［疾し］★★☆　［利し・鋭し］★☆☆　［敏し］★☆☆

訳　❶時期が早い　❷速度が速い

訳　よく切れる・鋭い

訳　❶すばしこい・機敏だ　❷鋭い・鋭敏だ

□□□ 180

★★☆ あからさまなり

訳 ❶ほんのちょっとだ ❷急だ ❸明白だ・露骨だ

□□□ 181

★★☆ あだなり【徒なり】

訳 ❶はかない・もろい ❷浮気だ ❸無駄だ・無用だ ❹疎略だ

□□□ 182

★★☆ あてなり【貴なり】

訳 ❶高貴だ・身分、家柄が高い ❷上品だ・優美だ

即決POINT

※親しみやすい感じをもつ高貴さ。
※けたかし［気高し］近寄りがたい感じの高貴さ。
※やむごとなし　最高の血筋や身分を表す・皇子や権力者に用いる。
「あてなり」「けたかし」はそこまでの身分の高さは表さない。
※あてはかなり・あてやかなり…人柄や容姿の上品さを表す・身分や家柄には用いない。

□□□
183
★★☆
あながちなり【強ちなり】
訳
❶強引だ・無理だ
❷一途だ・ひたむきだ
❸はなはだしい・ひどい

□□□
184
★★☆
あはれなり
訳
❶しみじみと趣深い　❷すばらしい　❸どうしようもなく悲しい
❹もの寂しく心ひかれる　❺気の毒だ　❻いとしい　❼尊く、ありがたい

□□□
185
★★★
あやにくなり【生憎なり】
訳
❶都合が悪い　❷意地が悪い
❸はなはだしい

□□□
186
★★☆
いうなり【優なり】
訳
❶すぐれている
❷上品で美しい・優美だ・優雅だ

□□□
187
★★☆
いたづらなり【徒らなり】
訳
❶つまらない・むなしい
❷無駄だ　❸手持ち無沙汰だ・ひまだ　❹何もない・空だ

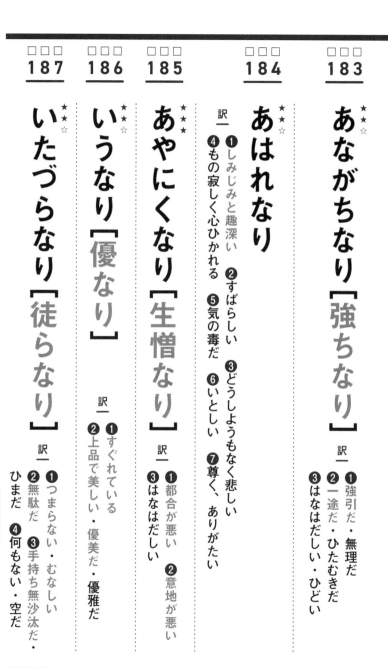

□□□
188

★★☆
おぼろけなり【朧けなり】

訳 ❶（打消や反語とセットで）普通だ・並ひとどおりだ ❷並ひととおりでない・格別だ

□□□
189

★★☆
おろかなり【疎かなり・愚かなり】

訳 ❶いい加減だ ❷愚かだ ❸劣っている・下手だ

□□□
190

★★☆
きよらなり・けうらなり【清らなり】

訳 ❶気品があって美しい・輝くように美しい ❷華やかで美しい・華美だ

□□□
191

★★☆
ことなり【殊なり・異なり】

訳 ❶特別だ・格別だ ❷違っている・変わっている

□□□
192

★★☆
さすがなり【流石なり】

訳
❶そうはいってもやはり〜だ
❷やはりそれだけのことはある（「さすがに」の形で副詞的に用いる）

□□□
193

★★☆
さらなり【更なり】

訳
言うまでもない・もちろんだ

□□□
194

★★☆
すずろなり・そぞろなり【漫ろなり】

訳
❶何ということもない
❷思いがけない
❸むやみやたらだ
❹無関係だ・筋違いだ

□□□
195

★★☆
つれづれなり【徒然なり】

訳
❶手持ち無沙汰だ・所在ない
❷もの寂しくぼんやりしている・しんみりと物思いにふけっている

□□□
196

★★☆

とみなり【頓なり】

訳 急だ・にわかだ

□□□
197

★★☆

なかなかなり【中中なり】

訳 中途半端だ・かえってよくない

□□□
198

★★☆

なのめなり【斜めなり】

訳 ❶いい加減だ ❷並ひととおりだ・平凡だ ❸(「なのめに」の形で)並ひととおりでなく・格別に

□□□
199

★★☆

なほざりなり【等閑なり】

訳 ❶いい加減だ・おろそかだ ❷あっさりしている・ほどほどだ

□□□
200

★★☆

ねんごろなり【懇ろなり】

訳 ❶丁寧だ・親切だ ❷親しい ❸一途だ・本気だ・正直だ

□□□
201
★★☆
むげなり［無下なり］
即決POINT
※むげに…まったく・全然［副詞との説もある］
訳
❶あまりにひどい ❷甚だしい ❸まぎれもない

□□□
202
★★☆
らうたげなり［労たげなり］
即決POINT
※らうたし［労たし］かわいらしい・いとおしい
訳
かわいらしい

□□□
203
★★☆
をこなり［痴なり］
即決POINT
※をこ［痴］ばかげたこと
※をこがまし［痴がまし］❶ばかげている・みっともない ❷出すぎている・さしでがましい
訳
ばかげている・間が抜けている

□□□
204

あした［朝］

★★☆

訳 ❶朝・明け方 ❷翌朝

即決POINT
※ゆふべ［夕べ］❶夕暮れ時・夕方 ❷昨夜
※つとめて ❶早朝 ❷翌朝

□□□
205

あなた［彼方・貴方］

★☆☆

訳 ❶以前・過去 ❷将来 ❸あちら ❹あの方 ❺あなた様

即決POINT
※こなた［此方］❶以後・あれから ❷以前 ❸こちら・ここ ❹この人 ❺あなた ❻わたし・われ
※そなた［其方］❶そちら ❷その方面・その点 ❸あなた

□□□
206

あや め ★★★【文目】

訳 ❶区別 ❷分別 ❸模様

□□□
207

あるじ ★★☆【主】

訳 ❶主人・主君 ❷持ち主

★★☆【饗】

訳 客をもてなすこと・ごちそう

即決POINT

※あるじまうけ［饗設け］ごちそうして客をもてなすこと

□□□
208

いらへ ★★☆【答へ】

訳 返事・返答

□□□
209

うしろみ【後ろ見】★★☆

訳 陰にあって人を助け世話すること・後見人

即決POINT
※臣下が主君を補佐するような場合や、親が子、妻が夫、守り役が幼児を助ける場合にもいう。
※かしづく(カ行四段)❶大事に育てる ❷後見する

□□□
210

うち【内】★★☆

訳 ❶宮中・内裏 ❷天皇・帝 ❸中・内側 ❹心の中・胸中 ❺あいだ ❻以内・以下 ❼家・建物 ❽夫・妻 ❾仏教(儒教は「そと」「ほか」)

即決POINT
※❶の意味で用いる場合、内裏と書いて「うち」と読むこともある。
※くもゐ[雲居・雲井]❶宮中・内裏 ❷はるかに離れた場所 ❸雲 ❹大空

□□□
211

うへ【上】★★☆

訳 ❶奥様 ❷天皇・帝 ❸殿上の間 ❹高貴な人物の部屋 ❺上部 ❻付近・ほとり ❼表面・うわべ ❽中宮・女御《にょうご》の控室 ❾上位 ❿身の上 ⓫そのうえ

⓬御方様（貴婦人の呼び名に「の上」の形で添えて尊敬の意を表す）

即決POINT
※おほやけ［公］・しゆしやう［主上］・君・帝（御門）…天皇

□□□
212
★★☆
おぼえ［覚え］
訳
❶評判 ❷寵愛 ❸感じ・感覚 ❹記憶・心あたり
❺自信

□□□
213
★★☆
かぎり［限り］
訳
❶限界 ❷臨終・最後・果て ❸全部 ❹時期・機会
❺極限 ❻あいだ ❼それだけ

□□□
214
★★☆
きこえ［聞こえ］
訳 うわさ・評判

□□□
215
★★☆
きは［際］
訳
❶身分・家柄 ❷端・へり ❸限り・限界 ❹分
❺わき ❻境目・仕切り ❼程度 ❽時・場合

□□□
216

★★☆

けしき［気色］

訳
❶様子 ❷機嫌 ❸意向・考え ❹そぶり・態度 ❺きざし ❻事情・わけ

即決POINT

※けしきばむ［気色ばむ］（マ行四段）❶気配が外に現れる ❷ほのめかす ❸気取る

□□□
217

★★☆

ここち［心地］

訳
❶病気 ❷心 ❸気配 ❹気持ち

□□□
218

★★★

こころざし［志］

訳
❶愛情・誠意 ❷お礼の贈り物・謝礼 ❸かねてからの意向 ❹追善供養

□□□
219

★★☆

ことわり［理］

訳
❶道理 ❷理由・説明 ❸辞退（「断り」とも書く）

□□□
220

★★☆

ざえ［才］

訳
❶教養 ❷技能・（書・和歌・芸能の）才能

□□□
221
★★★
しな【品】
訳 ❶身分・家柄 ❷人柄 ❸階段 ❹事情

□□□
222
★★☆
しるし【験・徴】
訳 ❶ご利益・霊験 ❷効果・甲斐 ❸前兆

□□□
223
★★☆
せうそこ【消息】
訳 手紙・便り

即決POINT
※消息す［サ変］取次ぎを依頼する・訪問する
※ふみ［文・書］❶書物・漢籍 ❷手紙・恋文 ❸学問・漢学 ❹漢詩

□□□
224
★★☆
そらごと【虚言・空言】
訳 うそ・つくりごと

即決POINT
※ひがこと［僻事］❶間違い・誤り・過ち ❷悪事・非道
※かごと［託言］❶言い訳・口実 ❷不平・ぐち・恨みごと

□□□
225
ため し【例】★★☆
訳 前例・例

□□□
226
ちぎり【契り】★★☆
訳 ❶前世からの約束・宿縁・因縁 ❷男女の間の恋の約束

即決POINT
※よ［世・代］❶御代・治世 ❷男女の仲 ❸時代・時 ❹一生 ❺前世 ❻俗世・浮世 ❼時流 ❽世間・世の中 ❾生活・生業

□□□
227
ついで【序】★★★
訳 ❶機会・場合 ❷順序

□□□
228
つま【夫・妻】★★★
訳 ❶夫 ❷妻 ❸動物のつがいの一方
【端】★★★
訳 ❶はし・へり ❷軒先 ❸きっかけ・手がかり

□□□
229

て【手】★★☆

即決POINT
※をとこで　漢字
※をんなで　平仮名

訳
❶筆跡・文字　❷傷・負傷　❸手　❹腕前　❺やり方
❻部隊・配下　❼取っ手

□□□
230

としごろ【年頃】★★☆

訳
❶長年の間・数年来　❷年格好・年ごろ

即決POINT
※つきごろ［月頃］❶何か月もの間　❷数か月来
※ひごろ［日頃］❶数日・数日来　❷普段・平生・日ごろ

□□□
231

にほひ【匂ひ】 ★★☆

訳　❶(美しい)色つや　❷(輝くような)美しさ　❸魅力・気品　❹(よい)香り　❺栄華・威光　❻(句に漂う)気分

即決POINT
※にほふ[匂ふ](ハ行四段)　❶美しさがあふれている　❷美しく咲いている・美しく映える　❸染まる　❹快く香る　❺香らせる
(ハ行下二段)　染める・色づける
※かたち[形・容・貌]❶容貌・見た目　❷美しい容姿(の人)　❸(人の)姿・様子　❹形
※かげ　[影・景]❶光　❷姿・形　❸面影　❹影
[陰・蔭]❶物陰・陰　❷よりどころ　❸恩恵

□□□
232

はらから【同胞】 ★★☆

訳　(同母の)兄弟姉妹

即決POINT
※せうと[兄人]❶(女性から見た男の)兄弟　❷兄
※せ[兄・夫・背]夫・恋人・兄弟(女性から親しい男性を呼ぶ語)
※いも[妹]❶妻・恋人・姉妹(男性から親しい女性を呼ぶ語)　❷あなた(女性から親しい女性を呼ぶ語)
※おとうと[弟]同性の年下のきょうだい・弟・妹
※おとと[弟・妹]同性の年下のきょうだい・弟・妹

233

ほだし【絆】

訳
❶手かせ・足かせ　❷妨げ・差し障り・束縛するもの

234

ほど【程】

訳
❶身分・家柄　❷ころ・時節　❸広さ・大きさ　❹～くらい・程度　❺時間・月日・年月
❻距離・道のり　❼途中　❽あたり・付近　❾あいだ　❿状態・具合　⓫年ごろ・年齢

235

まうけ【設け・儲け】

訳
❶ごちそう・食事のもてなし
❷準備・用意　❸食べ物

即決POINT

※まうく【設く・儲く・カ下二】❶準備する　❷（妻や子を）持つ　❸手に入れる　❹こしらえる
❺（病に）かかる
※いそぐ【急ぐ】❶支度する・準備する　❷急ぐ
※いそぎ【急ぎ】❶支度・準備　❷急なこと・あわただしさ
※ようい【用意】❶心づかい・配慮　❷準備・支度

□□□
236
みゆき【行幸】★★☆
【御幸】★★☆

訳 天皇のお出まし（「ぎやうかう」とも）

訳 上皇・法皇・女院のお出まし（「ごかう」とも）

即決POINT ※ぎやうけい【行啓】皇后・皇太子のお出まし

□□□
237
ゆゑ【故】★★☆

訳 ❶原因・理由 ❷由緒・素性・由来 ❸風情・趣 ❹ゆかり・縁故 ❺さしさわり・支障

即決POINT ※よし【由】❶風情 ❷ゆかり・縁故 ❸手段・方法 ❹理由・わけ ❺趣旨 ❻口実・言い訳 ❼事情 ❽そぶり・ふり

□□□
238
よろづ【万】★★☆

訳 ❶万事・あらゆること ❷万・たくさんあること・多くの数

□□□ 239
★★☆
あへて［敢へて］
訳 ❶［下に打消の語を伴い］まったく、決して（〜ない） ❷進んで・わざわざ

□□□ 240
★★☆
おほかた［大方］
訳 ❶［下に打消の語を伴い］まったく、決して（〜ない） ❷大体・大雑把に言って

□□□ 241
★★☆
かけて
訳 ［下に打消の語を伴い］まったく、決して（〜ない）

□□□ 242
★★☆
さらに
訳 ❶［下に打消の語を伴い］まったく、決して（〜ない） ❷改めて・今さら ❸その上・いっそう・ますます

□□□
243
すべて【総べて】★★☆
訳 ❶［下に打消の語を伴い］まったく、決して（〜ない）❷全部合わせて・まとめて ❸総じて・だいたい

□□□
244
たえて【絶えて】★★☆
訳 ❶［下に打消の語を伴い］まったく、決して（〜ない）❷すっかり・残らず

□□□
245
つやつや ★★☆
訳 ❶［下に打消の語を伴い］まったく、決して（〜ない）❷完全に・すっかり ❸つくづく・よくよく

□□□
246
ゆめゆめ ★★☆
訳 ❶［下に禁止の語を伴い］断じて、決して（〜するな）❷［下に打消の語を伴い］まったく、決して（〜ない）

□□□
247
つゆ【露】★★☆
訳 ［下に打消の語を伴い］まったく、決して（〜ない）

□□□
248
★★☆
よに［世に］
訳
❶［下に打消の語を伴い］まったく、決して（～ない）
❷たいそう・非常に・まったく

□□□
249
★★☆
をさをさ
訳
❶［下に打消の語を伴い］ほとんど（～ない）
❷しっかりと・きちんと・はっきりと

□□□
250
★★☆
いと
訳
❶［下に打消の語を伴い］たいして（～ない）
❷とても・非常に

□□□
251
★★☆
よも
訳
［下に打消の語を伴い］まさか（～ない）

□□□
252
★★☆
いたく［甚く］
訳
❶［下に打消の語を伴い］あまり（～ない）
❷はなはだしく・ひどく　❸うまく

□□□
253
★★☆
え
訳
［下に打消や反語を伴い］とても～できない

□□□
254

★★☆

かまへて【構へて】

訳
❶〔禁止表現を伴って〕決して～するな
❷〔意志・命令の表現を伴って〕きっと、必ず～・なんとかして～
❸慎重に・気をつけて

□□□
255

★★☆

あなかしこ【あな畏】

訳
❶［下に禁止の語を伴い］断じて・決して（～するな）

即決POINT
※厳密には副詞ではなく、感動詞「あな」＋形容詞「かしこし（畏し）」の語幹
❷ああ恐れ多いことよ ❸恐れ入りますが（呼びかけ）

□□□
256

★★☆

いかで【如何で】・いかでか【如何でか】

訳
❶［下に推量の語を伴い］どうして、どのようにして～か
❷［下に推量の語を伴い］どうして～か、いや～ない
❸［下に願望・意志の語を伴い］どうにかして、なんとしても～たい、～よう

□□□
257

★★☆
いかが【如何】・いかに【如何に】

訳
❶どうして～か（疑問）❷どうして～か、いや～ない（反語）
❸どのようであるか・どうであるか（問いかけ）
❹どんなものだろうか・どうしたものだろうか（ためらい・心配）

□□□
258

★★☆
など・などか・などて

訳
❶どうして～か（疑問）
❷どうして～か、いや～ない（反語）

呼応以外の副詞【17】

□□□
259

★★☆
なほ

訳
❶やはり・あいからわず ❷それでもやはり
❸さらにいっそう・ますます ❹ふたたび・やはりまた

□□□
260
いとど ★★☆
訳 ❶ますます・いっそう ❷そのうえさらに

即決POINT
※いとどし［形容詞］❶ますますはなはだしい ❷ただでさえ〜なのに、いっそう〜である

□□□
261
うべ（むべ）［宜・諾］ ★★☆
訳 なるほど・もっともなことに

□□□
262
げに［実に］ ★★☆
訳 ❶なるほど・いかにも・本当に（同調） ❷本当に、まあ（感動）

□□□
263
かく［斯く］ ★☆☆
訳 こう・このように

即決POINT
※さ［然］そう・そのように
※しか［然］❶そう・そのように ❷そのとおり（相づち）
※と ❶そう・そのように ❷あのように

□□□
264
★★☆
やがて
訳
❶そのまま　❷すぐに　❸そのまま全部
❹ほかでもなく　❺まもなく・そのうち・いずれ

□□□
265
★★☆
すなはち【即ち・則ち】
訳
すぐに・ただちに・即座に

□□□
266
★★☆
やうやう【漸う】
訳
❶だんだん・しだいに　❷やっと

□□□
267
★★☆
やをら・やはら
訳
しずかに・そっと・ゆっくり

□□□
268
★★☆
かたみに【互に】
訳
互いに・かわるがわる

□□□
269
★★☆
うたて【転】
訳
❶不快に・いやに・面白くなく　❷異様に・気味悪く
❸いっそうひどく

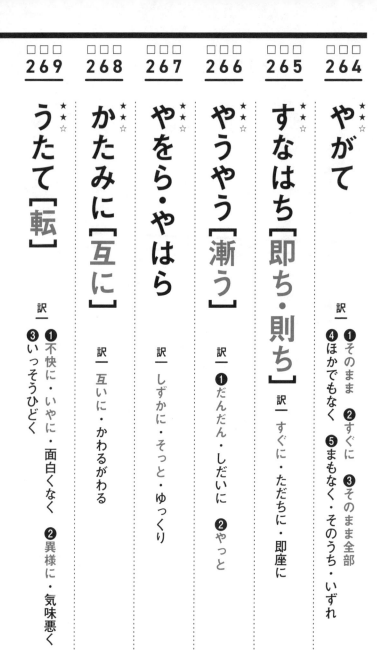

□□□
270
★★☆
なべて［並べて］
訳
❶普通 ❷総じて・一般に・すべて ❸一面に

□□□
271
★★☆
あまた［数多］
訳
数多く・たくさん

□□□
272
★★☆
ここら・そこら
訳
❶数多く・たくさん ❷こんなにひどく

□□□
273
★★☆
さながら［然ながら］
訳
❶そのまま ❷そっくりそのまま
❸［下に打消の語を伴い］まったく、決して（〜ない）

□□□
274
★★☆
せめて
訳
❶しいて・無理に ❷切実に ❸きわめて・ひどく ❹よくよく・しきりに
❺すくなくとも・せめて〜だけでも

□□□
275

ひねもす・ひめもす・ひめむす・ひもすがら

★★☆

訳 一日中・終日

即決POINT

※よもすがら 一晩中

進捗確認表

やり終えた日付を記入していきましょう。周回毎の目標や取り組み方を忘れてしまった場合には、13ページから14ページを参照してください。

	項目	日付 1周目	日付 2周目	日付 3周目
1日目	数が限られている活用の動詞			
2日目	「ず」をつけて判断する活用の動詞①			
3日目	「ず」をつけて判断する活用の動詞②			
4日目	プラスイメージの形容詞			
5日目	マイナスイメージの形容詞①			
6日目	マイナスイメージの形容詞②			
7日目	プラスマイナス両方の意味を持つ形容詞／中性的形容詞			
8日目	形容動詞			
9日目	名詞			
10日目	副詞			

速戦のコラム

精選の例文で 単語と助動詞を完璧に！

ここからの例文パートでは、実際に重要単語が使用されている文を活用して定着を図ります。「古文単語⇔現代語訳」を単純に行ったり来たりするだけの暗記では、読解の際にスムーズに意味を引き出して訳に当てはめることが難しいこともあります。この例文パートで生きた単語に触れ、これまでの暗記で覚えてきた単語のイメージをより強めていきましょう。

本書の例文は単語の訳だけでなく、助動詞の意味と活用の判別も訓練することができるようにしてあります。単語の意味と助動詞の判別トレーニングとして活用できる例文が見つからない単語については、例文自体を載せていません。あくまで必要なものだけを厳選して掲載しています。ここに載っている例文の訳と助動詞の意味・活用をスラスラ言えるようになれば、あとは重要な文法事項と古文常識をおさえて徹底的に読解演習を積むだけです。本書を徹底的に活用して早期に古文の学習にメドをつけ、他の科目に時間をまわせるようにしましょう。

第2章

例文を暗唱する

↓

1. 現代語訳を理解したうえで、10回ずつ音読をしよう！

最初の単語は第1章で学んだ009の派生語『ものす』です。「最初は001の『ひる』じゃないの？」と驚いたかもしれませんが、最短効率での習得のために、例文も必要最低限のものを選び抜きました。各例文の現代語訳を頭に入れてから、10回ずつ丁寧に音読をしてください。

2. 助動詞の意味と活用を覚えよう！

見出し語だけでなく、助動詞の意味と活用も赤シートに対応しています。覚えた例文を最大限活用するために、助動詞もすべて確認をして基礎を定着させましょう。活用に自信がないのであれば、巻頭の「助動詞一覧表」も確認してくださいね。

▼**ものす**…009

□□□

さる**御文**《おほんふみ》をだにものせさせ（尊・用）**給へ**。（落窪物語）

訳 せめてそのような**お手紙**だけでも**お書きください**。

▼**ぐす【具す】**…011

□□□

木曾殿の最後のいくさに、女をぐせられ（尊・用）たり（存・用）けり（過・止）なんど言はれ（受・未）ん（婉・体）ことも、しかるべから（当・未）ず（打・止）。（平家物語）

訳 木曾（義仲）殿が最後の合戦にまで、女をお連れになっていたなどと言われるのは、残念である。

▼**こうず【困ず】**…012

□□□

このごろ物《もの》の怪《け》にあづかりてこうじに（完・用）ける（過・体）に（断・用）や、**ゐる**ままに**すなはち**ねぶり声なる（断・体）、いとにくし。（枕草子）

訳 近ごろ物の怪にかかわって非常に疲れていたからであろうか、**座るとすぐに**眠り声であるのは、まことににくらしい。

□□□

▼ねんず【念ず】…013

いま一声呼ばれ〔受・用〕て**いらへ**ん〔意・止〕と、ねんじて寝たる〔存・体〕**ほど**に（宇治拾遺物語）

訳 もう一度呼ばれたら**返事をし**ようと、じっとこらえて寝ている**うち**に

□□□

▼あそぶ【遊ぶ】…022

ひとわたりあそびて、琵琶弾きやみたる〔完・体〕**程**に（枕草子）

訳 一とおり音楽を楽しんで、琵琶を弾き終えた**とき**に

□□□

▼あふ【逢ふ・会ふ】…023

この世の人は、男は女にあふことをす。（竹取物語）

訳 この世の人は、男は女と結婚することをする。

▼ありく【歩く】…024

□□□

❶ 朱雀《すざく》の方に人しげくありきけれ（過・已）ば（今昔物語集）

訳―朱雀大路の方に人が**大勢**行き来していたので

❷ 衣《きぬ》の下にをどりありきてもたぐるやうに（比・用）する（枕草子）

訳―（蚤《のみ》が）着物の下で飛び跳ねまわって（着物を）持ち上げるようにする（のはにくらしい）

❸ 後ろ見ありき給ふめる（推・体）。（源氏物語）

訳―**お世話**をずっとして**くださって**いるようだ。

▼おこなふ【行う】…025

□□□

この聖《ひじり》のおこなふ山の中に飛び行きて（宇治拾遺物語）

訳―この聖が仏道の修行をする山の中に飛んで行って

▼おどろく【驚く】…026

□□□

なほさるに〔断・用〕てこそはと思ひてあるに、わづらふ姉**おどろき**て（更級日記）

訳 **やはり**（主人のそばをはなれれば、猫が鳴くのは）あたりまえのことであろうと思っていると、病気の姉が**はっと目をさまして**

▼かきくらす【搔き暗す】…028

□□□

かきくらす心の闇にまどひに〔完・用〕き〔過・止〕。（古今和歌集）

訳 **悲しみにくれる**心の迷いに途方にくれてしまった。

▼かしづく…029

□□□

親たち**かしづき**たまふことかぎりなし。（堤中納言物語）

訳 親たちが**大事に育て**なさることは、**ひととおりではない**。

▼かる【離る】…030

□□□

相思はでかれぬる《完・体》人をとどめかね（伊勢物語）

訳―お互いに思いが通わないで疎遠になってしまった人を引き留めることができなくて。

▼きこしめす【聞こし召す】…031

□□□

語りいでさせ《尊・用》給ふを、上もきこしめし、めでさせ《尊・用》給ふ。（枕草子）

訳―お話しになるのを、天皇もお聞きになり、お褒めになる。

▼くどく【口説く】…032

□□□

「せめては九国《くこく》の地まで」とくどかれ《尊・用》けれ《過・已》ども（平家物語）

訳―「せめて九州まで（連れていってくれ）」と繰り返し言いなさったけれども

□□□

さぶらふ・さうらふ【候ふ・侍ふ】…034

❶ 物語 など して 集まり **さぶらふ** に （枕草子）

訳 話などをしながら集まり（中宮のおそばに）**お控え申し上げている**ときに

❷ **さぶらは** [む 仮・体] は **いかに**、**いかに**。（枕草子）

訳 （おそばに）**うかがった**としたら、**どうであるか**。**どうであるか**。

❸ 御前 に **さぶらふ** 物 は、御琴 も 御笛 も みな **めづらしき** 名 つきて ぞ ある。（枕草子）

訳 天皇のお手元に**ございます**物は、お琴もお笛もみな**すばらしい**名前が付いている。

速戦POINT

※おまへ【御前】❶御前（ごぜん）・おそば（神仏・天皇・貴人のいる所の前の尊敬語）
❷お方・ご主君（貴人を直接ささないように言う形。単独でも用いるが、多くは「…のおまへ」という形で用いる）
❸あなた・あなたさま（二人称代名詞。尊敬の意を表す）
自分と対等、もしくは下位の者に対して用いるようになるのは、近世後期以降である。

▼しのぶ…035

□□□

【偲ぶ】浅茅《あさぢ》が宿に昔を**しのぶ**こそ（徒然草）

訳 茅《ちがや》が茂っている荒れた家に、（恋人と語らった）昔を**思い出す**ことこそ

【忍ぶ】

❶**心地**には、**かぎりなく嫉《ねた》く心憂し**と思ふを、**しのぶる**に〔断・用〕なむありける〔過・体〕。（大和物語）

訳 女は**心の中**では、**この上なくくやしくつらい**と思っているのを、**我慢して**いるのであった。

❷わざとなら〔断・未〕ぬ〔打・体〕**匂《にほ》ひ**、しめやかにうちかをりて、**しのび**たる〔存・体〕けはひ、いと**ものあはれなり**。（徒然草）

訳 わざわざ焚いたとも思われない**かおり**が、もの静かに**薫って**、**人目を避けて**住んでいるようすが、とても**趣深い**。

速戦POINT
※ものあはれなり　「もの」は接頭語。形容詞・形容動詞などに付いて、「なんとなく～」と漠然とした様態を表す語を作る。「もの恐ろし」「ものめづらし」「ものはかなし」「もの清げ」「ものまめやか」など。

□□□

▼たてまつる【奉る】…036

❶人に物を取らせ〔使・用〕たる〔存・体〕も、ついでなくて、「これをたてまつらん」と言ひたる〔存・体〕、まことの志なり〔断・止〕。（徒然草）

訳―人に物を与える場合も、何のきっかけもなくて、「これを差し上げましょう」と言っているのが、本当の誠意である。

❷一人の天人言ふ、「壺なる〔存在・体〕御薬たてまつれ」（竹取物語）

訳―一人の天人がかぐや姫に言うには、「壺にあるお薬を召し上がれ」。

❸御輿《みこし》にたてまつりてのちに（竹取物語）

訳―（帝は）御輿にお乗りになってから

□□□

ためらふ【躊躇ふ】…037

ややためらひて、仰せ言伝へ聞こゆ。（源氏物語）

訳 いくらか心を静めて、（帝の）おっしゃったお言葉をお伝え申し上げる。

□□□

やすらふ【休らふ】…037

やすらはで寝な〔強・未〕まし〔反・体〕ものを小夜《さよ》更けて傾《かたぶ》くまでの月を見し〔過・体〕かな（後拾遺和歌集）

訳 （こんなことなら）ためらうことなく寝てしまったのに。夜が更けて、西に傾いて沈んでいこうとする月を見てしまいましたよ。

□□□

ときめく【時めく】…039

❶ 師走《しはす》のつごもりのみときめきて（枕草子）

訳 （新年の飾りにするゆずり葉は）十二月の末だけもてはやされて。

❷ いと **やむごとなき きは** に（断・用） は あら ぬ（打・体） が、すぐれて **ときめき** 給ふ あり けり（過・止）。（源氏物語）

訳　それほど**高貴な身分**ではない方で、際だって帝の**寵愛を受けて栄え**ていらっしゃる方があった。

□□□

▼ とぶらふ【訪ふ・弔ふ】…040

❶ 秋の野に人まつ虫の声す なり（伝推・止） 我かと行きて いざ **とぶらは** む（意・止）（古今和歌集）

訳　秋の野に人を待つ松虫の声がするのが聞こえる。私を待っているのかと、出かけて行って、さあ、**尋ねて**みよう。

❷ そのほか 親しき人々、日夜 **とぶらひ** て、蘇生の者に会ふ が ごとく（比・用）、かつ 喜び かつ いたはる。（奥の細道）

訳　そのほか親しい人々が、夜も昼も**訪ね**てきて、生き返った人に会うように、一方では（私の無事を）喜び、一方ではねぎらってくれる。

❸国の司《つかさ》 **まうで** とぶらふ にも、え 起き上がり **給は** で（竹取物語）

訳 （大納言を）国司が**参上して**見舞っても、起き上がることが**お**できに**なら**ないで

❹その 後世《ごせ》 を とぶらは ん《婉・体》 ために（平家物語）

訳 その死後の冥福を祈るために

□□□

▼**なやむ【悩む】**…041

をかしがり らうたがる ほどに、姉の なやむ こと あるに（更級日記）

訳 **おもしろがりかわいがっているうち**に、姉が病気になることがあって

□□□

▼**ならふ【慣らふ】**…042

春霞 立つ を 見捨てて 行く 雁《かり》 は 花なき 里に 住みや ならへ る《存・体》（古今和歌集）

訳 春霞が立つのを見捨てて北の国へ帰っていく雁は、花のない里に住み慣れているのであろうか。

□□□

▼ののしる【罵る】…043

❶何事に〔断・用〕かあらん〔推・体〕、ことごとしくののしりて（徒然草）

訳 どんな事が起こったのだろうか、大げさにわめいて

速戦POINT
※ことごとし【事事し】仰々しい・いかにも大げさだ

❷この世にののしり**給ふ**光源氏、かかる**ついで**に見**奉り給は**む〔勧・止〕や。（源氏物語）

訳 世間で評判になって**いらっしゃる**光源氏を、このような**機会**に**拝見なさって**はいかがだろうか。

❸左の大臣《おとど》の北の方にてののしり**給ひ**ける〔過・体〕時に（大和物語）

訳 左大臣の夫人として勢力を持って**いらっしゃった**ときに

▼まうす【申す】…044

□□□

燕《つばくらめ》の巣に手をさし入れさせ《使・用》て探るに、「物もなし」とまうすに（竹取物語）

訳 （家来に命じて）燕（つばめ）の巣に手を入れさせて探るが、「何もない」と申し上げるので

▼きこゆ【聞こゆ】…044・067

□□□

❶ 笛の音《ね》のただ秋風ときこゆるになどをぎの葉のそよと答へぬ《打・体》（更級日記）

訳 笛の音がまるで秋風のように聞こえるというのに、どうして（風になびく）おぎの葉が「そよ」とも返事をしないのか。

❷ 滋籐《しげどう》の弓持って、きこゆる木曾の鬼葦毛《おにあしげ》といふ馬の、きはめて太うたくましいに（平家物語）

訳 （義仲は）滋籐の弓を持って、評判の高い木曾の鬼葦毛という名馬で、とても太くてたくましい馬に

❸ よろづの事を泣く泣く**契りのたまはすれ**ど、**御いらへ**もえ**きこえ給は**ず[打・止]。（源氏物語）

訳 （帝が）**すべて**のことを泣く泣く**お約束なさる**けれど、（桐壺更衣《きりつぼのこうい》は）**ご返事**も**申し上げる**ことが**おできになれ**ない。

▼きこえさす【聞こえさす】…044

□□□

戯れにても、**さきこえさせ**、**たまはせ**し[過・体]ことなれ[断・已]ば（紫式部日記）

訳 〔冗談でも、**そう**（＝早く帰参すると）**申し上げ**、（こうしてお手紙を）**くださっ**たことなので

▼のたまふ【宣ふ】…044

□□□

さのたまはば、今日は立たじ[打意・止]。（枕草子）

訳 **そんなことをおっしゃる**なら、今日は出かけるのをやめよう。

▼のたまはす【宣はす】…044

□□□

御前《おまへ》に**聞こし召し**て、「**いみじうよく**とぞ思ひつ[強・止]らむ[現推・止]」とぞ、**のたまはする**。（枕草子）

訳―中宮様が**お聞きになって**、「**とてもすばらしい**と思っているのであろう」と**おっしゃる**。

▼おほす【仰す】…044

□□□

法皇「あれは**いかに**」と**おほせ**けれ[過・已]ば（平家物語）

訳―法皇が「いったい**どうしたことか**」と**おっしゃった**ところ

▼まかる【罷る】…045

□□□

憶良らは今は**罷ら**む[意・止]子泣くらむ[現推・止]それその母も我を待つらむ[現推・止]そ（万葉集）

訳―私、憶良はそろそろ**おいとまいたします**。（家では）子が泣いているでしょう。それに、その母（私の妻）も私を待っているでしょうよ。

□□□

▼まかづ【罷づ】…045

まかでて聞けば、**あやしき**家の見どころもなき梅の木などには、**かしがましき**までぞ鳴く。（枕草子）

訳 （うぐいすは、宮中から）**退出して**聞くと、**みすぼらしい**家の枝ぶりも悪い梅の木などでは、**やかましい**くらいに鳴く。

□□□

▼ます【坐す】…046

❶ 王《おほきみ》は千歳《ちとせ》に**まさ**む［推・止］。（万葉集）

訳 皇子さまは千年も（生きて）**おいでになろ**う。

❷ 大君の**まさ**む［意・止］と知らば玉敷かまし［反・体］を（万葉集）

訳 天皇さまが**いらっしゃる**と知っていたならば玉石を敷いただろうに。

□□□

▼ましますⅰ【坐します】…046

御身は金《こがね》の色にして、三十二の相まします。（今昔物語集）

訳―お体は黄金色で、三十二のすぐれた特徴がおありになる。

□□□

▼まもる【守る】…048

花の本《もと》には、ねぢ寄り立ち寄り、**あからめもせ**ず（打・用）まもりて（徒然草）

訳―（桜の）花の下に、にじり寄って近寄り、**わき見もしないで**見つめて

□□□

▼まゐる【参る】…049

❶ **宮**に初めてまゐりたる（完・体）ころ（枕草子）

訳―**中宮様の御殿**にはじめてお仕えしたころ

❷ **霜月**《しもつき》の二十余日、石山に**まゐる**。（更級日記）

訳 **十一月**の二十日過ぎに、石山寺に**お参りに行く**。

❸ 人より先に**まゐり給ひ**て、**やむごとなき**御思ひ**なべて**なら［断・未］ず［打・用］、（源氏物語）

訳 （この妃は）ほかの妃よりも先に**入内なさって**、帝が**格別に**お心をおかけになることは**並ひととおりでなくて**、

❹ **親王**《みこ》に、馬の頭《かみ》、**大御酒**《おほみき》**まゐる**。（伊勢物語）

訳 **親王**に、右馬寮《うめりょう》の長官が**お酒**を**差し上げる**。

❺ ほかにて酒など**まゐり**、酔《ゑ》ひて（大和物語）

訳 よそで酒などを**お飲みになり**、酔っぱらって

▼まうづ【詣づ】…049

□□□

いでし[過・体]ままに稲荷《いなり》にまうでたら[完・未]ましかば[反・未]（更級日記）

訳 （初瀬から）退出したその足で（伏見の）稲荷に参詣していたならば

▼めす【召す】…050

□□□

❶ 大臣《おとど》・上達部《かんだちめ》をめして（竹取物語）

訳 （帝は）大臣・公卿《くぎょう》をお呼びになって

❷ いざ給へ、出雲《いづも》拝みに。かいもちひめさせ[使・未]ん[意・止]。（徒然草）

訳 さあ、いらっしゃい、出雲神社の参拝に。ぼたもちを召し上がらせましょう（ごちそうしましょう）。

❸ 御直衣《おほんなほし》めして（源氏物語）

訳 ふだんのお着物をお着けになって

❹ 人びと皆、御舟に**めす**。（平家物語）

訳 （平家の）人々はみんな、**お舟にお乗りになる**。

□□□

▼やつす【俏す・窶す】…051

❶ **心恥づかしき**人住む［なる］(伝推・体)所［に］(断・用)こそあ［なれ］(伝推・已)、**あやしう**もあまり**やつし**［ける］(過・体)かな。（源氏物語）

訳 **立派な**人が住んでいるという所であるようだ、**みっともなく**あまりに**みすぼらしい身なりにした**ものだなあ。

❷ **心**もなく、たちまちに**形**を**やつし**［て］(完・用)［ける］(過・体)こと、と胸つぶれて（源氏物語）

訳 **前後のみさかいも**なく、即座に（浮舟の）**姿**を**尼の姿にして**しまったことよと、心が乱れて

▼**やる【遣る】**…052

□□□

❶人をやりて**見する**に、**おほかた逢へ**る〔完・体〕者なし。（徒然草）

訳 （女の鬼がいるというので）人を行かせて（ようすを）**見させる**が、**いっこうに**（鬼に）**会**った者が**いない**。

❷をとこの着たり〔存・用〕ける〔過・体〕狩衣《かりぎぬ》の裾《すそ》を切りて、歌を書きてやる。（伊勢物語）

訳 男は、着ていた狩衣の裾を切って、歌を書いて贈る。

▼**おこす【遣す】**…052

□□□

おこせたる〔完・体〕者は「**よき馬**」とぞ言ひたる〔完・体〕。（今昔物語集）

訳 こちらへ送ってきた者は「**よい**馬だ」と言っていた。

▼**ゐざる【居ざる】**…053

□□□

御衣《おほんぞ》をすべしおきて、ゐざり退《の》き**給ふ**に（源氏物語）

訳　お召し物を脱ぎすべらして、座ったまま膝で移動ししりぞきなさると

▼うらむ【恨む】…054

□□□

❶ 時過ぎに[完・用]ける[過・体]身をぞうらむる（後撰和歌集）

訳　時間が過ぎてしまった（あなたから思われなくなった）わが身を嘆くことだ。

❷ 虫の声々うらみつつ（平家物語）

訳　虫の声が悲しげに鳴きたてて

▼ふる【古る】…058

□□□

世にふりたる[完・体]ことなれ[断・已]ど、なほ、めづらしくも、はかなきことを、しなし給へり[完・用]し[過・体]かな。（源氏物語）

訳　世間でありふれたことだが、やはり、目新しいものに、ちょっとしたことを、（工夫されて）なさったのだなあ。

□□□

▼あくがる【憧る】…059

❶ 物思ふ人の魂は、**げに**、あくがるる物に〔断・用〕なむありける〔詠・体〕。（源氏物語）

訳―思い悩む人の魂は、**なるほど**、体から離れてさまようものであったのだなあ。

❷ 御仲もあくがれて、**程**《ほど》**経**《へ》に〔完・用〕けれ〔過・已〕ど（源氏物語）

訳―ご夫婦の仲も疎遠になって、**月日**が**経って**しまったけれど

□□□

▼いらふ【答ふ・応ふ】…060

いま一声呼ばれ〔受・用〕ていらへん〔意・止〕と、**念じ**て寝たる〔存・体〕**ほど**に（宇治拾遺物語）

訳―もう一度呼ばれてから返事をしようと、**じっとこらえ**て寝ている**うち**に

□□□

▼ところう【所得・処得】…061

京にてこそ、ところえぬ〔打・体〕やうなり〔状態・用〕けれ〔過・已〕（源氏物語）

訳　（明石の入道は）京都にあっては、よい地位を得ないようであったが

□□□

▼おくる【後る・遅る】…064

故姫君《こ》は、十ばかりにて殿におくれ給ひし［過・体］ほど（源氏物語）

訳　亡くなった姫君は、十歳ぐらいで父君に先立たれなさったとき

□□□

▼さきだつ【先立つ】…064

おくれさきだたじ［打意・止］と契らせ［尊・用］給ひける［過・体］を（源氏物語）

訳　死に遅れたり先に死ぬまいとお約束なされたのに

□□□

▼おぼゆ【覚ゆ】…065

❶心あらん［婉・体］友もがなと、都恋しうおぼゆれ。（徒然草）

訳　情趣を解するような友がいたらなあと、（そういう友のいる）都が恋しく思われる。

❷ 昔 おぼゆる 花橘《はなたちばな》、撫子《なでしこ》、薔薇《さうび》 くたに などやうの 花くさぐさ を 植ゑて （源氏物語）

訳 昔のことが思い起こされるたちばなの花、なでしこ、そうび、くたになどといった花をいろいろ植えて

❸ 少し おぼえ たる〔存・体〕 ところ あれ ば、子 な〔断・体〕 めり〔推・止〕 と 見給ふ。（源氏物語）

訳 少し似ているところがあるので、（尼君の）子であろうと（源氏は）**ご覧になる**。

▼ **おぼす【思す】** … 065

いかに **こころもとなく** おぼす らん〔現推・体〕。（十訓抄）

訳 （小式部の内侍《ないし》は、母君からの便りを）**どんなにか待ち遠しく**お思いになっているだろう。

▼ **おぼしめす【思し召す】** … 065

少し **ひがこと** 見つけて を やま む〔意・止〕、と **ねたき** までに おぼしめし ける〔過・体〕 に （枕草子）

訳　少し（でも）**間違い**を見つけて終わりにしようと、（帝は）**いまいましい**までにお思いになったが

▼かくる【隠る】…066

□□□

左の大臣《おとど》の御母の菅原の君かくれ**給ひ**ける(過・体)ときに（大和物語）

訳　左大臣の御母の菅原の君が**お**亡くなり**になっ**たときに

▼うす【失す】…066

□□□

その人、ほどなくうせに(完・用)けり(過・止)と聞き**はべり**し(過・体)。（徒然草）

訳　その人は、間もなく亡くなってしまったと聞き**まし**た。

▼みまかる【身罷る】…066

□□□

妹《いも》のみまかりける(過・体)時詠みける(過・体)。（古今和歌集）

訳　**恋人**が亡くなったとき詠んだ歌。

▼きゆ【消ゆ】…066

□□□

やがて きえ 給ひ な（完・未） ば、かひなく なむ。（源氏物語）

訳 そのまま亡くなられたならば、何のかいもないことです。

▼ながむ…069

□□□

【眺む】暮れがたき 夏 の 日ぐらし ながむれ ば（伊勢物語）

訳 日が長く暑さの残る夏の長い一日をもの思いにふけりながらぼんやりしていると

【詠む】「唐衣《からころも》 着 つつ なれ に（完・用） し（過・体）」 と ながめ けん（過伝・体） 三河《みかは》の国八橋《やつはし》 にも なり ぬれ（完・已） ば（平家物語）

訳 「唐衣を着なれるようになれ親しんだ」と詠んだという三河の国八橋にも着いたので

□□□

まうく【設く・儲く】…071

❶ 杉の渡しより寄せ ん〔意・止〕 とて まうけ たる〔完・体〕 舟どもを（平家物語）

訳 杉の渡し場から攻めようとして用意していた舟々を

❷ 妻《め》を まうけ て〔完・用〕 けり〔過・止〕。（大和物語）

訳 妻を持っていた。

□□□

いそぐ【急ぐ】…071

下《くだ》る べき〔当・体〕 ことども いそぐ に（更級日記）

訳 （任地に）下るためのいろいろなことを準備していると

□□□

▼みす【見す】…072

宮仕へに次ぎては、親王《みこ》たちにこそはみせ奉らめ［適・已］。（源氏物語）

訳（大切にしている娘を）帝への宮仕え（をさせるかそれ）に次いでは、親王たちに嫁がせ申し上げるのがよかろう。

□□□

▼みゆ【見ゆ】…072

❶梅の花吾家《わぎへ》の園に咲きて散るみゆ（万葉集）

訳梅の花がわが家の庭園に咲いて散るのが見える。

❷いかならむ［婉・体］人に［断・用］もみえて、身をも助け、幼き者どもをもはぐくみ給ふべし［適・止］。（平家物語）

訳どのような男であっても結婚して、あなた自身の身を守り、幼い子供たちをも大切にお育てになるがよい。

□□□

ごらんず【御覧ず】…072

これを、帝ごらんじて（竹取物語）

訳―これを帝がご覧になって

□□□

めづ【愛づ】…073

光る君といふ名は、高麗人《こまうど》のめできこえて、付け奉りける（過・体）。（源氏物語）

訳―「光る君」という名前は、高麗の国の人がおほめ申して、お付けしたのである。

□□□

かまふ【構ふ】…075

綱をかまへて、鳥の、子産まむ（意・体）間に、綱をつり上げさせ（使・用）て（竹取物語）

訳―綱を用意して、鳥が、卵を産もうとする間に、綱をつり上げさせて

▼ **そばむ【側む】**…076 □□□

そばみてあれば、顔は**見え**ず〔打・止〕。（落窪物語）

訳　横を向いているので、顔は**見え**ない。

▼ **たのむ【頼む】**…077 □□□

❶ のちの矢をたのみて、初めの矢に**なほざり**の**心**あり。（徒然草）

訳　あとの矢をあてにして、最初の矢（を射ること）に**いいかげんな気持ち**が生ずる。

❷ 待つ人は**障り**ありて、たのめぬ〔打・体〕人は来たり〔完・止〕。（徒然草）

訳　待っている人には**差し障り**があり、来ることを期待させない人はやってくる。

たまふ【給ふ・賜ふ】…078

□□□

❶「稲荷《いなり》より たまふ しるしの 杉よ」とて、投げいでられ〔受・用〕し〔過・体〕を（更級日記）

訳 「稲荷から下さるしるしの杉だ」といって一枝の杉を投げ出され（た夢を見）たが

❷ 魂は **朝**《あした》夕べに たまふれど あが胸痛し 恋の **繁き**に（万葉集）

訳 あなたの真心は**朝**に夕べにいただくけれど私の胸は痛いのだ。恋が**絶え間ない**ので。

にほふ【匂ふ】…079

□□□

❶ 紫草《むらさき》の にほへる〔存・体〕**妹**《いも》を 憎く あらば 人妻ゆゑに 我 **恋ひ**め〔意・已〕やも（万葉集）

訳 紫草のように美しさがあふれている**あなた**のことをいやだと思うなら、人妻であるのにどうして（あなたを）**恋い慕い**ましょうか、いいや、恋い慕ったりはしません。

❷ 住吉《すみのえ》の 岸野の 榛《はり》に にほふれど にほはぬ〔打・体〕我や にほひて 居《を》らむ〔推・体〕（万葉集）

訳 住吉の岸辺の野の榛《はん》の木で染めても染まらない私だけれども（この翁《おきな》に）染まっていくことだろうか。

▼ **あらまほし**…080

□□□

人は**かたち**、ありさまの、優れ たら(存・未) ん(婉・体) こそ あらまほしかる べけれ(推・已)。(徒然草)

訳―人間は**容貌**や、風采が、すぐれていることこそ、望ましいだろう。

▼ **あらまし**…080

□□□

神風の(=枕詞)伊勢の国にも あら まし(反・体) を(万葉集)

訳―伊勢の国にいればよかったのに。

▼ **うしろやすし【後ろ安し】**…081

□□□

差し**答**《いら》**へ**も うしろやすく し たる(完・体) は、うれしき わざ なり(断・止)。(枕草子)

訳―ちょっとした受け**答え**も気安くしてくれたのは、うれしいものだ。

▼やすし【安し・易し】…081

□□□

❶ 同じ程、それより下﨟《げらふ》の更衣《かうい》たちは、ましてやすからず[打・用]、（源氏物語）

訳 （桐壺《きりつぼ》更衣《こうい》と）同じ**身分**や、それより低い身分の更衣たちは、いっそう**心が穏やか**ではなく、

❷ いみじうやすき息災の祈りな[断・体]なり[伝推・止]。（枕草子）

訳 **ずいぶん簡単な**、災いよけのおまじないであるようだ。

▼めやすし【目安し・目易し】…081

□□□

髪ゆるるかに、いと長く、めやすき人な[断・体]めり[推・止]。（源氏物語）

訳 （乳母は）髪がゆったりと、とても長く、**見た目に感じがよい**人であるようだ。

□□□

▼うつくし【美し】…082

❶ うつくしきもの。瓜《うり》にかきたる［完・体］ちごの顔。（枕草子）

訳 かわいいもの。瓜に描いたこどもの顔。

❷ 大学の君、その日の文うつくしう作り給ひて（源氏物語）

訳 夕霧の君は、その日の試験の詩文を見事にお作りになって

□□□

▼うるせし…083

❶ 然《さ》だに心得ては、うるせき奴《やつこ》ぞかし。（今昔物語集）

訳 それだけわかっているなら、賢く、よく気がつくやつだよ。

❷ 宮の御琴の音《ね》は、いとうるせくなりに［完・用］けり［過・止］な。（源氏物語）

訳 宮のお琴の音色は、たいへん巧みになったのだなあ。

▼うるさし…083・157

❶あまり**うるさく**もあれば、このたび出でたる〔完・体〕所をば、いづくと**なべて**には知らせ〔使・未〕ず〔打・止〕。（枕草子）

訳―（人の口が）あまり**わずらわしく**もあるので、今度退出した所は、どこと**一般の人**には知らせない。

❷見苦しとて、人に書かする〔使・体〕は**うるさし**。（徒然草）

訳―（字が）下手だからといって、他人に書かせるのは**わざとらしくていやみだ**。

❸**うるさき**兵《つはもの》の妻《め》とこそ思ひつる〔完・体〕に（今昔物語集）

訳―**立派な**武士の妻だと思っていたのに

❹いと**うるさく**て**候ひ**し〔過・体〕宿りに**まかり**て（大鏡）

訳―とても**ゆきとどいて****おりまし**た家に**うかがって**

▼うるはし【麗し】…084

□□□

同じ 小柴 なれ〔断・已〕 ど、 うるはしう しわたして （源氏物語）

訳―（ほかと）同じ小柴垣だが、きちんと作りめぐらして

▼おとなし【大人し】…085

□□□

❶ 年 の ほど より は いと おとなしく （紫式部日記）

訳―お年のわりにはずっと大人っぽくて

❷ いと おとなしう **よろづ** を 思ひしづめ （源氏物語）

訳―とても思慮深く**何事**も落ち着いていて

❸ おとなしく 物 知り ぬ〔強・止〕 べき〔推・体〕 顔 し たる〔存・体〕 神官 を 呼びて （徒然草）

訳―年配で何でもよく知っていそうな顔をしている神官を呼んで

□□□

▼おもしろし【面白し】…086

月の いと いみじう おもしろき に（大和物語）

訳―月がたいそう趣があるときに

□□□

▼かしこし【畏し】…087

かしこく おそろし と 思ひ けれ（過・已） ど、さる べき（当・体） に（断・用） や あり けむ（過推・体）。（更級日記）

訳―もったいなく恐ろしいと思ったけれど、そうなる運命だったのだろうか。

□□□

▼かなし【愛し】…088

限りなく かなし と 思ひ て、河内《かふち》 へ も 行か ず（打・用） なり に（完・用） けり（過・止）。（伊勢物語）

訳―この上なくいとしいとおもって、河内へも行かなくなった。

▼ **くまなし【隈無し】**…089

□□□

❶ 花は盛りに、月はくまなきをのみ見るものかは。（徒然草）

訳 桜の花は満開のときに、月はかげりがない満月のときにだけ見るものであろうか、いや、そうではない。

❷ おのれもくまなき**好き心**にて（源氏物語）

訳 自分も抜け目のない**色好みの心**で

▼ **さうなし【双無し】**…090

□□□

園《その》の別当入道はさうなき庖丁者《はうちやうじや》なり［断・止］。（徒然草）

訳 園の別当入道はすばらしい料理人である。

▼ **またなし【又無し】**…090

□□□

年の暮れはてて、人ごとに**いそぎ**あへる［存・体］ころぞ、またなく**あはれなる**。（徒然草）

訳 年が押しつまって、人がいそがしそうにしあっているころは、この上なく感慨深い。

▼さとし【聡し】…091 □□□

七つになり給へば書《ふみ》始めなどせさせ〔尊・用〕給ひて、世に知らず〔打・用〕さとうかしこくおはすれば（源氏物語）

訳 （源氏が）七歳におなりになるので学問始めの儀式などあそばされるが、世に二人とないほど、理解が早く賢くいらっしゃるので

▼つきづきし【付き付きし】…092 □□□

いと寒きに、火など急ぎおこして、炭もて渡るも、いとつきづきし。（枕草子）

訳 たいそう寒いときに、炭火などを急いでおこして、炭を持って行くのも、（冬の朝に）たいそう似つかわしい。

▼**なつかし【懐かし】**…093

□□□

咲く花の色**めづらしく**百鳥《ももとり》の声なつかしく（万葉集）

訳　咲く花の色は**すばらしく**、いろいろな鳥の声も心引かれ。

▼**なまめかし【艶めかし】**…094

□□□

❶なまめかしく、人の親げなく**おはします**を（源氏物語）

訳　（源氏は）若々しく、人の親というようすではなくて**いらっしゃる**のを

❷なまめかしきもの。ほそやかに**清げなる**君達《きんだち》の直衣《なほし》姿。（枕草子）

訳　優美なもの。ほっそりしていて**すっきりと美しい**貴公子たちの直衣《のうし》（＝平服）姿。

▼**はかばかし【果果し】**…095

□□□

❶「**とく参り給へ**」など、はかばかしうも、**のたまはせ**やらず[打・止]。（源氏物語）

訳 「**早く参内なさい**」などと、てきぱきと、終わりまで**おっしゃれ**ない。

❷ とりたてて はかばかしき **後ろ見** し なければ、事 ある 時は、**なほ** よりどころ なく 心細げなり。（源氏物語）

訳 特別に取り上げていうほどしっかりした**後ろだて**がないので、大事が起こったときは、**やはり**頼りとする所がなく、心細いようすである。

❸ **やうやう** 入り立つ ふもと の **ほど** だに 空 の **けしき**、はかばかしく も **見え** ず《打・止》。（更級日記）

訳 **しだいに**足を踏み入れる山のふもとの**あたり**でさえ、空の**ようす**ははっきりとは**見え**ない。

❹ 「いかなる 歌 か 詠み たる《完・体》」 と 言は れ《尊・用》 けれ《過・已》 ば、「はかばかしき **候は** ず《打・止》」 とて （宇治拾遺物語）

訳 「どんな歌を詠んだのか」とおっしゃったので、「**本格的**なものは**ありません**」と言って

▼
まめまめし【実実し】…096

□□□

❶かかるついでにまめまめしう聞こえさすべき[当・体]ことなむ。（源氏物語）

訳　このような機会に本気で申し上げなければならないこと（がございます）。

❷何をか奉らむ[意・体]。まめまめしきものは、まさなかりな[強・用]む[推・止]。（更級日記）

訳　何を差し上げようか。実用的な物は、きっとよくないだろう。

▼
めづらし【珍し】…097

□□□

朝に日《け》に常に見れどもめづらしわが君（万葉集）

訳　朝に昼にいつも見ているけれど愛すべきあなたよ。

▼
めでたし…098

□□□

藤《ふぢ》の花は、しなひ長く、色濃く咲きたる[存・体]、いとめでたし。（枕草子）

訳　藤の花は、花房のしだれが長く、色が濃く咲いているのが、とてもすばらしい。

□□□

▼やむごとなし…099

❶「うち にし も、 やむごとなき 事 あり」 とて （蜻蛉日記）

訳　「**宮中**によんどころない用事がある」と言って

❷ 摂津守《せつつのかみ》 も、 これら を やむごとなき 者 にして、 後前 に 立て て ぞ つかひ ける〔過・体〕。 （今昔物語集）

訳　摂津守も、これらの兵を格別に大切な者と考えて、自分の前後に立たせて使った。

❸ いと やむごとなき **きは** に〔断・用〕 は あら ぬ〔打・体〕 が、 すぐれて **時めき 給ふ** あり けり〔過・止〕。 （源氏物語）

訳　それほど高貴な**身分**ではない方で、際だって帝のご寵愛を受けて栄え**ていらっしゃる**方があった。

▼あてなり【貴なり】…099・182

□□□

❶世界の男《をのこ》、あてなるも **いやしき**も、**いかで** このかぐや姫を、得てしがな、見てしがなと（竹取物語）

訳　世の中の男は、身分が高い者も**(身分が)低い**者も、**どうにかして**このかぐや姫を、手に入れたいものだなあ、結婚したいものだなあと

❷ただ文字一つに、**あやしう**、あてにも **いやしう**も なるは、いかなる に〔断・用〕 か あら む〔推・体〕。（枕草子）

訳　ほんの言葉遣い一つで、上品にも**下品**にもなるというのは、どういうわけであろうか。

▼ゆかし…100

□□□

忍びて寄する車どものゆかしきを（徒然草）

訳　**目立たないようにそっと**やって来る牛車《ぎっしゃ》の主が知りたくて

いぶかし【訝し】…100

□□□

❶横笛の五の穴は、いささかいぶかしき所の侍るかと。（徒然草）

訳 横笛の五の穴については、少々不審な点がありますかと。

❷雨夜《あまよ》の品定めののち、いぶかしくおもほしなる品々のあるに（源氏物語）

訳 雨の夜の批評以来、ようすが知りたいとお思いになるいろいろの階層（の女）があるので

いぶせし…100

□□□

一、二日たまさかに隔つるをりだに、あやしういぶせき心地するものを（源氏物語）

訳 一日二日たまに（あなたと）間を置くときでさえ、不思議なほど気が晴れない思いがするのに

▼よし【良し・好し・善し】…101

□□□

❶ 女児《をむなご》も、男児《をのこご》も、法師も、よき子ども持たる〔存・体〕人、**いみじう** **うらやまし**。（枕草子）

訳 女の子でも、男の子でも、坊さん（になっている子）でも、すぐれている子どもを持っている人は**たいそう** **うらやましい**。

❷ まことによき人のし**給ひ**し〔過・体〕を見しか〔過・已〕ば、**心づきなし**と思ふなり〔断・止〕。（枕草子）

訳 本当に高貴な方が（品のないことを）**なさっ**たのを見たので、**気にくわない**と思うのだ。

❸ 貧しく経ても、**なほ**昔よかりし〔過・体〕時の心ながら（伊勢物語）

訳 貧しく暮らしていても、**依然として**昔栄えていたときの心のままで

□□□

よろし【宜し】…101

笠うち着、足ひき包み、よろしき姿し たる［存・体］者、ひたすらに家ごとに、乞ひ**ありく**。（方丈記）

訳 笠をかぶり、足を脚絆《きゃはん》でくるみ、まずまずの身なりをしている者が、必死で家ごとに、物乞い**をしてまわる**。

□□□

わろし【悪し】…101

男も女も、ことばの文字**いやしう**つかひ たる［完・体］こそ、**よろづ**のことよりまさりて わろけれ。（枕草子）

訳 男でも女でも、言葉遣いを**下品に**つかったのは、**どんな**ことにもまして好ましくない。

□□□

あし【悪し】…101

❶ いづれを**よし**あしと知る に［断・用］かは。（枕草子）

訳 どれが**よい**、どれが悪いと判断するのであろうか、いや、わかりはしない。

❷ 下衆女《げすをむな》 の なり あしき が 子 負ひ たる［存・体］。（枕草子）

訳 身分の低い女で身なりのみすぼらしいのが子供を背負っている（のはわびしい感じがする）。

▼ **らうたし【労たし】**…102

□□□

をかしげなる 児《ちご》の、**あからさまに** 抱《いだ》き て 遊ばし **うつくしむ** ほど に、 かい付き て 寝 たる［完・体］、 いと らうたし。（枕草子）

訳 **愛らしい**赤ん坊が、**ちょっと**抱いてあやして**かわいがって**いると、（私に）しがみついて寝てしまったのはとてもかわいらしい。

▼ **らうらうじ【労労じ】**…103

□□□

❶ らうらうじく **美しげに** 書き **給へ** り［完・止］。（源氏物語）

訳 物慣れていて**巧みに**りっぱに**お書きになった**。

❷ 夜深くうちいでたる［完・体］声の、らうらうじう **あいぎやうづき** たる［存・体］、**いみじう心あくがれ、せむかたなし。**（枕草子）

訳 夜更けに鳴き出した（ほととぎすの）声の気品があって美しく**魅力があるのは、とても心ひかれて落ち着かなくなり、どうしようもない。**

▼をさをさし【長長し】… 105

□□□

若ければ、**文**《ふみ》も をさをさしから ず［打・用］、言葉も言ひ知ら ず［打・止］。（伊勢物語）

訳 （女は）若いので、**手紙**（の書き方）もしっかりしていないし、言葉の適切な使い方も知らない。

▼あいなし… 106

□□□

❶ **上達部**《かんだちめ》・**上人**《うへびと》なども、あいなく 目を **そばめ** つつ（源氏物語）

訳 **上達部**や**殿上人**なども、みな気に入らなくて目を**そむけ**て

❷世に語り伝ふること、まことはあいなきにや、多くはみな虚言《そらごと》なり。（徒然草）

訳 世間に語り伝えていることは、真実はつまらないのであろうか、多くはみんな**つくりごと**である。

❸**げに**、葉の色よりはじめて、あいなく**見ゆる**を、**唐土**《もろこし》には**限りなき**ものにて、**文**《ふみ》にも作る。（枕草子）

訳 （梨の花は）**ほんとうに**、葉の色からして（風流なことには）不似合いに**見えるが**、**中国**では**この上なくすばらしい**ものとして、**漢詩**にも作る。

▼**あさまし【浅まし】**…107

□□□

❶思はずにあさましくて、「こは**いかに**、かかるやうやはある」とばかり言ひて（十訓抄）

訳 思いがけず驚くばかりで、「これは**どうしたことか**、こんなことがあるだろうか、いや、あるはずがない」とだけ言って

❷ わがもてつけたる〔存・体〕を**つつみなく**言ひたる〔存・体〕は、あさましきわざなり〔断・止〕。（枕草子）

訳 自分が使い慣れている言葉を**遠慮なく**言うのは、情けないものである。

❸ 二年が間、世の中飢渇《けかつ》して、あさましきこと**侍り**き〔過・止〕。（方丈記）

訳 二年の間、世の中は食糧が欠乏して、あきれるほどひどいことが**ございました**。

▼あたらし【惜し】…108

□□□

きはことに賢くて、ただ人にはいとあたらしけれど（源氏物語）

訳 （源氏は）きわだって賢明で、臣下にするには非常にもったいないけれど

▼をし【惜し】…108

□□□

この花の散るををしう**おぼえ**させ〔存・用〕**たまふ**か。（宇治拾遺物語）

訳 この桜の花が散るのを残念だと**お感じになる**のか。

▼あだし【徒し】…109

□□□

あだし色に**なほ**うとま**れ**（受・用）**ぬ**（完・止）桜花（玉葉集）

訳 変わりやすい色に**やはり**嫌われてしまう桜の花。

▼あぢきなし…111

□□□

❶人も**をし**人も恨めし**あぢきなく**世を思ふゆゑに物思ふ身は（続後撰集）

訳 人間が**いとおしく**も、また人間が恨めしくも思われる。**つまらない**世の中だと思うために、悩んでしまうこの私には。

❷さしも危ふき京中の家を造るとて、宝を費やし、心を悩ますことは、すぐれて**あぢきなく**ぞ**侍る**。（方丈記）

訳 あんなにも危険な都の中に家を造るからといって、財産を使って減らし、神経を悩ますことは、まことに**つまらない**ことで**ございます**。

❸**やうやう**天の下にも あぢきなう、人のもて悩みぐさになりて（源氏物語）

訳 **しだいに**世間でもにがにがしく、人の悩みの種となって

❹この世の、**かりそめに** あぢきなき ことを、**申し**知らすれ〔使・已〕ば（源氏物語）

訳 この世の中が、**はかなく**無常であることを、わかるようにお話し**申し上げる**と

▼あつし【篤し】…112

□□□

恨みを負ふ**つもり**に〔断・用〕やありけむ〔過推・体〕、いと あつしく なりゆき（源氏物語）

訳（桐壺更衣《きりつぼのこうい》はほかの女御《にょうご》や更衣《こうい》たちの）恨みを受けることが**積み重なった結果**であったのだろうか、ひどく病気が重くなってゆき

▼あへなし【敢へ無し】…113

□□□

誰《たれ》も誰《たれ》も、**怪しう** あへなき 事を思ひ騒ぎて（源氏物語）

訳 だれもかれも、**異常で**どうしようもないできごとに心の中であわてて

▼**あやし【賤し】**…114　□□□

❶あやしの身には得**がたき**物にて（発心集）

訳　身分が低い者の身には、手にいれ**にくい**物で

❷親の、あやしき衣ひき着せて（枕草子）

訳　親が、みすぼらしい着物を着せて

▼**いぎたなし【寝汚し】**…116　□□□

夜鳴かぬ〔打・体〕もいぎたなき**ここち**すれども（枕草子）

訳　夜鳴かないのも寝坊な**感じ**がするけれども

▼**いとけなし【幼けなし・稚けなし】**…117　□□□

いとけなき子の、**なほ**乳《ち》を吸ひつつ臥《ふ》せる〔存・体〕などもありけり〔過・止〕。（方丈記）

訳 幼い子で、(母が死んでも)**依然として**乳を吸いながら横たわっている子などもあった。

□□□

▼いふかひなし【言ふ甲斐無し】…118

❶ **怪しがり**言へど、使ひのなければいふかひなくて(枕草子)

訳 **不審がって**いろいろ言うけれど、(それを持ってきた)使いの者がいないので、どうしようもなくて

❷ 女、親なく、たよりなくなるままに、もろともにいふかひなくてあら む[適・止]やはとて(伊勢物語)

訳 女が、親がなくなり、よりどころがなくなるにつれて、(男はこの妻と)ともに、ふがいないさまでいてよいだろうか、いや、よくはないと思って。

❸ 男の童《わらは》を、ものおぢせ ず[打・用]、いふかひなきを**召し**寄せて(堤中納言物語)

訳 男の子で、何も怖がらず、身分のいやしい童を**お呼び**寄せ**になって**。

❹ いで、**あな幼や**。いふかひなう**ものし給ふ**かな。（源氏物語）

訳 いやもう、**まあ子供っぽいことよ**。たわいなく**いらっしゃる**ことよ。

□□□

▼ゆゆし…119・173

❶ かけまくも**ゆゆしき**かも言はまくも**あやにかしこき**明日香《あすか》の真神《まかみ》の原に（万葉集）

訳 心にかけて思うのもはばかられることよ、口に出して言うのも**まことにおそれ多い**明日香の真神の原に。

❷ たちいづる天の川辺の**ゆかしさ**に常は**ゆゆしき**ことも忘れぬ（完・止）（更級日記）

訳 （牽牛《けんぎゅう》と織女が）出会う天の川辺に**心が引かれて**、いつもは不吉なことも（今日は）忘れてしまった。

□□□

▼うし【憂し】…120

人の行き通ふべき（可・体）所に（断・用）もあらざり（打・用）けれ（過・已）ば、**なほ**うしと思ひつつなむありける（過・体）。（伊勢物語）

訳 人が通っていくことのできるような所ではなかったので、**ますます**つらいと思っているのだった。

▼うしろめたし【後ろめたし】…121

□□□

いと **はかなう ものし 給ふ** こそ、**あはれに** うしろめたけれ。（源氏物語）

訳 とても**幼なくていらっしゃるのが、どうしようもなく悲しく**先が気がかりだ。

▼うたてし…122

□□□

❶さくりあげ て、「よよ」と泣き けれ（過・已） ば、うたてしやな。（宇治拾遺物語）

訳 しゃくりあげて、「おいおい」と泣いたので、がっかりするなあ。

❷討た れ（受・未） させ（尊・用） **給ひ** けん（過伝・体） 宮 の 御運 の ほど こそ うたてけれ。（平家物語）

訳 **お**討たれ**になった**とかいう宮のご不運のほどはいたわしい。

▼ **おどろおどろし**…123

□□□

❶「ここに草の庵《いほり》やある」とおどろおどろしく言へば（枕草子）

訳―「ここに草の庵はいるか」とおおげさに言うので

❷いとおどろおどろしくかきたれ雨の降る夜（大鏡）

訳―とても気味悪く激しく雨の降る夜

▼ **おほけなし**…124

□□□

「天下に並びなき婿をとらん［意・止］」と、おほけなく思ひ企てて（沙石集）

訳―「天下に比べるもののない立派な婿をもらおう」と身のほど知らずに考えて

▼ **かしかまし**…125

□□□

あやしき家の見どころもなき梅の木などには、かしかましきまでぞ鳴く。（枕草子）

訳 **みすぼらしい**家の枝ぶりも悪い梅の木などには、やかましいくらい鳴いている。

□□□

▼かたはらいたし【傍ら痛し】…126

❶ かやうのことこそは、かたはらいたきことのうちに、入れつ〔強・止〕べけれ〔当・已〕ど（枕草子）

訳 こういうことは、きまりが悪いことの中に、加えてしまうべきだけれども

❷ **おほかた** さし向かひても、**なめき**は、**など** **かく** 言ふらむ〔現推・体〕とかたはらいたし。（枕草子）

訳 **大体**、向かい合って話す場合でも、**言葉が無礼な**のは、**どうしてこのように**しゃべるのかと、腹立たしい。

❸ このごろの **御気色** を **見** **奉る** **上人**《うへびと》女房 などは、かたはらいたしと聞きけり〔過・止〕。（源氏物語）

訳 このごろの帝の**ご様子**を**拝見している殿上人**・女房などは、（弘徽殿《こきでん》の女御《にょうご》のなさる音楽を、帝にとって）気の毒だと聞いていた。

▼かひなし【甲斐無し】…127　□□□

❶ 足ずりをして泣けども、かひなし。（伊勢物語）

訳　じだんだを踏んで泣いたが、どうにもならない。

❷ かひなき命生きて、**つれなう**こそ、これまで逃れまゐって**候へ**。（平家物語）

訳　取るに足りない命をながらえて、**悲しみをこらえて**、これまで逃げて**まいりました**。

▼くちをし【口惜し】…128　□□□

❶ くちをしう、男子《をのこご》にて持たら〔存・未〕ぬ〔打・体〕こそ幸ひなかりけれ〔過・已〕。（紫式部日記）

訳　残念なことに、（この娘が）男子でないのが、幸運でなかったのだ。

❷ 「夜に入りてものの映えなし」と言ふ人、いとくちをし。（徒然草）

訳　「夜になっては物の見ばえがしなくなる」と言う人は、とても情けない。

▼**けし【異し・怪し】**…129

□□□

❶しかれども**けしき**心を我《あ》が思《も》はなくに（万葉集）

訳 それでも恋人に対して**あってはならない**心を私はもったりしないことだ。

❷この女**かく**書きおきたる〔完・体〕を、**けしう**。（伊勢物語）

訳 この妻が**こう**（歌を）書き置いたのを、（男は）**不審に思って**。

▼**こころづきなし【心付き無し】**…130

□□□

それはしも、まことに**よき**人のし**給ひ**し〔過・体〕を見しか〔過・已〕ば、**こころづきなし**と思ふなり〔断・止〕。（枕草子）

訳 それはなんと、本当に**高貴な**方が（品のないことを）**なさっ**たのを見たので、**気にくわない**と思うのだ。

▼こころなし【心無し】…131
□□□

こころなき身にもあはれは知られ[自・用]けり[詠・止]鴫《しぎ》立つ沢の秋の夕暮れ（新古今和歌集）

訳―（俗世間から離れた私のような）風流心のない者でも、**しみじみとした趣**は自然と感じられるものだなあ。鴫《しぎ》が飛び立つ沢の夕暮れよ。

▼さうざうし【寂寂し】…132
□□□

この酒を独り**たうべ**ん[婉・体]がさうざうしければ（徒然草）

訳―この酒を一人で**いただく**のが物足りないので

▼さがなし【性無し】…133
□□□

春宮《とうぐう》の女御《にょうご》のいとさがなくて（源氏物語）

訳―**皇太子**の母の女御が、たいそう意地悪であって。

□□□

しどけなし…134

しどけなく うち乱れ 給へ る［完・体］ さま ながら（源氏物語）

訳 （源氏は）くつろいで衣服を着崩された姿のままで

いみじく しどけなく、かたくなしく、直衣《なほし》・狩衣《かりぎぬ》 など ゆがめ たり［存・止］ とも（枕草子）

訳 とてもだらしなく、体裁悪く直衣《のうし》や狩衣などをゆがめて（着て）いても

□□□

つきなし【付き無し】…135

親君 と 申す とも、かく つきなき こと を 仰せ 給ふ こと。（竹取物語）

訳 親のような主君とはいっても、このように主君にふさわしくないことをおおせになられることよ。

▼ **つらし【辛し】**…136

□□□

いとは つらく **見ゆれ**ど、**志**はせ むᵃ とす。（土佐日記）

訳 （留守番の人は）とても薄情に**みえる**けれど、**お礼の贈り物**はしようと思う。

（む：意・止）

▼ **つれなし**…137

□□□

かへすがへす、つれなき 命 に も **侍る** かな。（源氏物語）

（に：断・用）

訳 本当にまあ、ままならない私の命**でございます**ね。

▼ **ところせし【所狭し】**…138

□□□

かかる 有り様 も **ならひ 給は** ず、ところせき 御身 にて、**珍しう おぼさ** れ けり。（源氏物語）

（ず：打・用／れ：尊・用／けり：過・已）

訳 このような（山歩きの）ようすも**お見なれなさら**ないで、窮屈なご身分なので、**新鮮だとお思いになっ**た。

□□□

なさけなし【情無し】…139

好き**給は**ざら（打・未）む（婉・体）もなさけなく、**さうざうしかる**べし（当・止）かし。（源氏物語）

訳 浮気を**なさら**ないのも興ざめであり、**物足りない**にちがいないよ。

□□□

なめし…140

文《ふみ》ことば なめき 人 こそ いと **にくけれ**。（枕草子）

訳 **手紙**の言葉が無礼な人はほんとうに**いや**だ。

□□□

ねたし【妬し】…141

いかで なほ、少し **ひがこと** 見つけて を やま む（意・止） と、ねたき までに **おぼしめし** ける（過・体） に（枕草子）

訳 （天皇は）**何とかして**、少しでも（女御の答えに）**間違い**を見つけて、その上で終わりにしようと、くやしいほどに**お思いになっていらっしゃった**が

□□□

▼はかなし【果無し・果敢無し】…142

❶桜 は **はかなき** もの に〔断・用〕 て、**かく** **程なく** うつろひ **さぶらふ** なり〔断・止〕。（宇治拾遺物語）

訳　桜はあっけないものであって、**このようにすぐに**散ってしまうの**です**。

❷長谷《はせ》 に **詣《まう》で** て、いと **はかなき** 家 に 泊まり たり〔完・用〕 し〔過・体〕 に（枕草子）

訳　長谷寺に**参詣《さんけい》し**て、とても粗末な家に泊まった

□□□

▼はしたなし【端無し】…143

❶**思ほえ** ず〔打・用〕、古里《ふるさと》 に いと **はしたなく** て あり けれ〔過・已〕 ば（伊勢物語）

訳　**思いがけ**なく、（さびれた）旧都にたいそう不似合いに（美しい姉妹が）住んでいたので

❷**げに** いと **あはれなり** など 聞き ながら、涙 の つと いで来《こ》 ぬ〔打・体〕、いと **はしたなし**。（枕草子）

訳　**なるほど**たいそう**哀れなことだ**と(思って話を)聞いているのに、涙がすぐに出て来ないのは、ほんとうにきまりが悪い。

❸ 雨風はしたなくて、帰るに及ばで、山の中に、心にもあらず[打・用]とまりぬ[完・止]。(宇治拾遺物語)

訳　雨風が激しくて、帰ることができず、山の中に、思いがけなく泊まってしまった。

□□□

▼ひがひがし【僻僻し】…144

❶ この雪**いかが**見ると、一筆**のたまはせ**ぬ[打・体]ほどのひがひがしからん[婉・体]人の**仰せ**らるる[尊・体]こと、聞き入るべき[可・体]かは。(徒然草)

訳　この雪を**どのように**見るかと、手紙に一言も**おっしゃら**ないほどの情趣を解さないような人が**言われる**ことを、聞き入れることができようか、いや、できない。

❷ 着たる[存・体]物の人ざまに似ぬ[打・体]はひがひがしうもありかし。(源氏物語)

訳　着ている物が人柄に似合わないのは、みっともなくもあることだよ。

□□□

▼びんなし【便無し】 …145

びんなき ところ にて、人 に もの を 言ひ けるᵃ［過・体］ に（枕草子）

訳―具合の悪いところで、男と語り合っていたときに。

□□□

▼ふびんなり【不便なり】 …145

❶ 御供 に 人 も **さぶらは** ざり［打・用］ けり［過・止］。ふびんなるわざかな。（源氏物語）

訳―お供に人も**お仕えし**ていなかった。不都合なことだなぁ。

❷ いと ふびんなる 人柄 （宇津保物語）

訳―（涼《すずし》は）とてもかわいい人柄で

□□□

▼ほいなし【本意無し】 …146

❶ 人 **しげく**、ひたたけたら む［婉・体］ 住まひ は、いと ほいなかる べし［推・止］。（源氏物語）

訳 人が**多く**、雑然としているような住まいは、たいそう**不本意である**だろう。

❷ 平家これを**ほいなし**とや思ひけん[過推・体]。（平家物語）

訳 平家はこれを**残念だ**と思ったのだろうか。

□□□

▼むつかし【難し】…147

❶ 手にきり付きて、いと**むつかしき**ものぞかし。（堤中納言物語）

訳 手に（蝶の鱗粉《りんぷん》が）ついて、とても**いやな感じの**ものであるよ。

❷ あなづりやすき人なら[断・未]ば、「のちに」とてもやりつ[完・止]べけれ[可・已]ど、さすがに心**恥づかしき**人、いとにくく**むつかし**。（枕草子）

訳 軽く扱ってよい人であるならば、「後で」と言って帰してしまうこともできるだろうが、やはり**気がねをしなければならない**ような人のときは、（そうもいかず）本当ににくらしく**煩わしい**。

❸ 心地**あしう**してひさしう**なやみ**たる〔存・体〕も、男の心地はむつかしかるべし〔推・止〕。（枕草子）

訳―（あまり愛していない妻が）気分が**悪く**て長く**病んで**いるのも、男の気持ちとしてはうっとうしいだろう。

▼**ものし**…148

❶ もとよりの憎さも立ち出でて、ものしと**思《おぼ》し**たり〔完・止〕。（源氏物語）

訳―前々からの憎しみも表に現れ出て、（源氏を）目ざわりだと**お思いになっ**た。

❷「夢にものしく**見え**し〔過・体〕」など言ひて（蜻蛉日記）

訳―「夢で無気味に**見えた**」などと言って

▼**よしなし【由無し】**…149

我はものへ行かむずる〔意・体〕門出なれ〔断・已〕ば、**はかなき**疵《きず》も打ちつけられ〔受・用〕な〔完・未〕ばよしなし。（今昔物語集）

訳 私は（これから）ある所へ行こうという門出のときなので、**ほんの少しの**傷も負ってしまったらつまらない。

▼らうがはし【乱がはし】…150 □□□

❶ みな同じく笑ひ**ののしる**、いとらうがはし。（徒然草）

訳 みな同じように笑い**わめき立てる**のは、とても騒々しい。

❷ 食ひかなぐりなどし**給へ**ば「あならうがはしや」（源氏物語）

訳（たけのこを）食いかじったりなど**なさる**ので「あれ、無作法だよ」（とお笑いになる）

▼わびし【侘し】…151 □□□

❶ **やうやう**暑くさへなりて、まことにわびしくて、**など**、かからで**よき**日もあらむ〔推・体〕ものを、何しに**まうで**つ〔完・止〕らむ〔現推・体〕と（枕草子）

訳（参詣《さんけい》の坂道の途中で）**だんだん**暑くまでなってきて、とてもつらくて、**どうして**、こんなふうでない、（ほかに参詣に）**よい**日もあるだろうに、何のために**お参りし**たのだろうと

❷ 前栽《せんざい》の草木まで心のままなら[断・未]ず[打・用]作りなせる[存・体]は、見る目も苦しく、いとわびし。（徒然草）

訳 庭の植え込みの草木まで自然のままでなくそれらしく作り上げてあるのは、見た目も不快で、とても興ざめだ。

□□□

▼をこがまし【痴がまし】…152

世俗の虚言《そらごと》をねんごろに信じたる[存・体]も、をこがましく（徒然草）

訳 世間のうそを正直に信じているのも、ばかげていて

□□□

▼いとほし…154

翁《おきな》をいとほしく、かなしと思《おぼ》しつる[完・体]ことも失せぬ[完・止]。（竹取物語）

訳 翁を気の毒で、ふびんだとお思いになっていた気持ちも（かぐや姫の心から）消えてしまった。

□□□

▼いまめかし【今めかし】…155

❶**なかなか** 長き よりも、**こよなう** いまめかしき もの かな。（源氏物語）

訳　**かえって**、長い髪よりも、（この方が）**この上なく**現代風であることよ。

❷「人を とらへて 立て **侍ら** ぬ〔打・体〕 なり〔断・止〕」と **のたまふ** も、いと いまめかしく（枕草子）

訳　「私をつかまえて立たせないの**です**」と**おっしゃる**のも、たいそう軽薄な感じで。

□□□

▼いみじ…156

❶御前 なる〔存在・体〕 獅子・狛犬 そむきて、後ろさまに 立ち たり〔存・用〕 けれ〔過・已〕ば、**上人**《うへびと》 いみじく 感じて（徒然草）

訳　社殿の前の獅子と狛犬とが（たがいに）背中を向けて、後ろ向きに立っていたので、**上人**は並々でなく感激して。

❷ 世は定めなきこそ、いみじけれ。（徒然草）

訳　この世は無常であるからこそ、すばらしいのだ。

❸ **あな** いみじ。犬を**蔵人**《くらうど》二人してうち**給ふ**。死ぬ べし[当・止]。（枕草子）

訳　ああひどい。犬を**蔵人**が二人で**お打ちになっている**。死ぬにちがいない。

□□□

▼おぼつかなし【覚束なし】…158

❶ 山吹の清げに、藤《ふぢ》のおぼつかなきさまし たる[存・体]（徒然草）

訳　山吹の花がさっぱりとしてきれいに（咲き）、藤の花のぼんやりとはっきりしないようすをしているのとが

❷ **上**の女房《にょうばう》の、御方々いづこもおぼつかなから ず[打・用] **参り**通ふ。（枕草子）

訳　**帝**付きの女房で、お妃がたのどこへでも気がかりでなく**参上し**て出入りする。

❸ 夢の中にも**見たてまつら**で、恋しうおぼつかなき御さまを（源氏物語）

訳―夢の中でさえ**お目にかからない**で、恋しく会いたく思っているお姿を

□□□

▼**かたじけなし【忝し・辱し】**…159

かたじけなく、きたなげなる所に、年月をへて**物し給ふ**こと（竹取物語）

訳―恐れ多くも、（こんな）見苦しい所に、長い間**お通いくださいます**ことは

□□□

▼**こころにくし【心憎し】**…160

こころにくき限りの女房四五人《よたりいつたり》**さぶらは** せ〔使・用〕 **給ひ**て（源氏物語）

訳―奥ゆかしい女房だけを四、五人そばに**お仕え**させに**なり**

□□□

▼**こころもとなし【心許なし】**…161

❶わづかに見つつ**心も得** ず〔打・用〕 こころもとなく思ふ源氏を（更級日記）

訳―（今まで）読みかじって**内容も理解できず**、じれったく思っていた「源氏（物語）」を

❷ こころもとなき日数重なるままに、白河の関にかかりて、旅心定まりぬ［完・止］。（奥の細道）

訳 不安で落ち着かない日々が重なるうちに、白河の関にさしかかって、ようやく旅の覚悟が定まった。

❸ 花びらの端に、をかしきにほひこそ、こころもとなうつきた［存・体］めれ［推・已］。（枕草子）

訳 花びらの端に、**美しい色つや**が、ほのかについているように見える。

▼ さかし【賢し】…162 □□□

せめて申させ［使・用］給へば、さかしう、やがて末まではあらね［打・已］ども（枕草子）

訳 （帝が）**むりに申し上げ**させ**なさる**と、（女御は）利口ぶって、**ずっと**歌の最後までではないのだが

▼ しげし【繁し】…163 □□□

人しげくありきけれ［過・已］ば、人の静まるまでと思ひて（今昔物語集）

訳　人が多く行き来していたので、人がいなくなるまでと思って

□□□

しるし【著し】…164

いと いたうやつれ給へれ[存・已]ど、しるき御さまなれ[断・已]ば（源氏物語）

訳　たいそうひどく目立たなくなっていらっしゃるが、（普通の人ではないことは）はっきりわかるごようすなので

□□□

すごし【凄し】…165

❶ 日の入りぎはの、いとすごくきりわたりたる[存・体]に（更級日記）

訳　ちょうど日の入りのときで、たいそうもの寂しく、霧が一面にたちこめているときに

❷ おどろおどろしからぬ[打・体]も、なまめかしく、すごくおもしろく（源氏物語）

訳　（太鼓が入らず）仰々しくないのも、優雅で、ぞっとするほどすばらしく趣があり

▼すさまじ【凄じ】…166

□□□

❶梨の花、**よに**すさまじきものにして、近うもてなさず〔打・止〕。（枕草子）

訳 梨の花は、**まったく**おもしろくないものとして、身近には取り扱わない。

❷すさまじきものにして見る人もなき月の（徒然草）

訳 殺風景なものとして見る人もない（冬の）月が

▼ずちなし【術無し】…167

□□□

「妹のあり所**申せ**、**申せ**」と責めらる〔受・体〕るに、ずちなし。（枕草子）

訳 「妹の居所を**申せ**、**申せ**」と責められるので、どうしようもない。

▼せむかたなし【為む方無し】…168

□□□

なよなよとして我に〔断・用〕もあらぬ〔打・体〕様《さま》なれ〔断・已〕ば、…せむかたなき**心地**し**給ふ**。（源氏物語）

訳 （夕顔は）ぐったりして意識もないようすなので、…（源氏は）どうしてよいかわからない**気持ち**が**なさる**。

□□□

▼はづかし【恥づかし】…169

はづかしき人の、**歌の本末**《もとすゑ》問ひ たる（完・体） に、ふと **おぼえ** たる（完・体）、我ながらうれし。（枕草子）

訳 こちらが気恥ずかしくなるほどりっぱな方が、**歌の上の句と下の句**をたずねたときに、さっと**思い出した**のは、我ながらうれしい。

速戦POINT

※歌の本末…和歌の上の句（本）、下の句（末）のこと。
※上の句 ❶短歌1首の前半5・7・5句 ❷連歌で、5・7・5の句 ❸俳句で初めの5文字
※下の句 ❶短歌で、末の7・7の2句・短歌の第4句と第5句 ❷連歌で、7・7の句 ❸俳句で最後の5文字

□□□

▼まばゆし【目映し・眩し】…170

❶ 御殿油《おほとなぶら》なれ（断・已）ば、髪の筋なども、なかなか昼よりも顕証《けそう》に見えて、まばゆけれど（枕草子）

訳 御殿油なので、髪の毛の筋なども、かえって昼間よりもはっきりと見えて、恥ずかしいが

❷ 上達部《かんだちめ》・上人《うへびと》なども あいなく 目を そばめ つつ、いと まばゆき 人の 御おぼえ なり（断・止）。（源氏物語）

訳 上達部や殿上人などもみな気に入らなくて目をそむけつつ、とても見ていられないほどの桐壺の更衣へのご寵愛である。

□□□

▼めざまし【目覚まし】…171

はじめより 我は と 思ひ上がり 給へ る（完・体） 御方々、めざましき もの に おとしめ そねみ 給ふ。（源氏物語）

訳 宮仕えの最初から、私こそは（帝の寵愛をうける）と自負していらっしゃった御方々は、（桐壺更衣《きりつぼのこうい》を）気にくわない者としてさげすみ、ねたみなさる。

速戦POINT
※おとしむ【貶む】（マ行下二段）見くだす・さげすむ
※そねむ・そねぶ【嫉む・嫉ぶ】（マ行四段）うらやみ憎む・ねたむ

▼やさし【恥し・優し】… 172

□□□

❶世の中を憂しとやさしと思へども飛び立ちかねつ（完・止）鳥に（断・用）しあらね（打・已）ば（万葉集）

訳 世の中をつらい、消え入りたいと思ってはみても、（どこかへ）飛んでいくことはできない。鳥ではないのだから。

❷昨日今日御門《みかど》ののたまはむ（婉・体）ことにつかむ（仮・体）、人聞きやさし。（竹取物語）

訳 ほんの昨日今日、帝がおっしゃることに従うとしたら、世間への手前きまりが悪い。

▼ わりなし … 174

❶ わりなく まつは させ（使・用） **給ふ** あまり に （源氏物語）

訳 （帝が桐壺更衣《きりつぼのこうい》を）むやみやたらに（おそばに）**お付き添わせになる**あまりに。

❷ **ひがおぼえ** を もし、忘れ たる（完・体） ところ も あら ば、**いみじかる** べき（当・体） こと と、わりなう **おぼし** 乱れ ぬ（強・止） べし（当・止）。（枕草子）

訳 （「古今和歌集」の和歌について）**記憶違い**をしていたり、忘れてしまった部分があるならば、**大変な**ことだと、きっとひどく**心配なさっ**たにちがいない。

❸ **優に** わりなき 人 に（断・用） て **おはし** けり（過・止）。（平家物語）

訳 **優雅で**この上なくすぐれている人で**いらっしゃっ**た。

□□□

▼とし【疾し】…179

❶春や とき 花や 遅きと 聞き分か む 意・体 鶯《うぐひす》だにも 鳴か ず 打・止 も ある かな

（古今和歌集）

訳 春が来るのが早いのか、花の咲くのが遅いのかとその声を聞いて判断しようと思うそのうぐいすさえも鳴かないでいることよ。

❷巻向《まきむく》の 川音《かはと》 高しも 嵐 かも とき （万葉集）

訳 巻向の川の流れの音が大きいなあ。嵐が激しいのか。

□□□

▼あからさまなり…180

あからさまに まかで たる 存・体 ほど、二日 ばかり ありて しも 雪は 降る もの か。

（紫式部日記）

訳 ほんのちょっと（私が里に）**退出し**ている**間**、二日ほどたって（あいにくにも）雪が降ったではないか。

▼あだなり【徒なり】…181

□□□

❶ そのあだになりぬる(完・体)人の果て、**いかでかはよく侍らむ**(推・体)。（紫式部日記）

訳 そういう不誠実な性質になってしまった人（＝清少納言）の末路が、**どうしてよいでありましょうか、よいはずがありません。**

❷ 蝶《てふ》になりぬれ(完・已)ば、いともそでにて、あだになりぬる(完・体)をや。（堤中納言物語）

訳 （絹をとる蚕《かいこ》が）蝶になってしまうと、（人は）まったくおろそかにして無用になってしまうのよね。

▼あながちなり【強ちなり】…183

□□□

あながちに**心ざし**を**見えありく**。（竹取物語）

訳 一途に**真心**が**人目につく**ように**歩き回る**。

▼あやにくなり【生憎なり】…185

□□□

❶帝の御おきて、きはめてあやにくにおはしませば（大鏡）

訳 帝のご処置は、この上なく厳しくいらっしゃるので。

❷かれは人の許し聞こえざり〔打・用〕し〔過・体〕に、御志あやにくなりし〔過・体〕ぞかし。（源氏物語）

訳 あの人（＝桐壺更衣《きりつぼのこうい》）は人々がお認め申し上げなかったのに、（帝の）ご愛情は大変深かったのであったよ。

▼いうなり【優なり】…186

□□□

なほ事ざまのいうにおぼえて、物の隠れよりしばし見ゐたる〔存・体〕に（徒然草）

訳 （自分は）それでもやはり、（この家に住む）人のようすが優雅に感じられて、物陰からしばらく見続けていると。

▼いたづらなり【徒らなり】…187

□□□

❶ 花の色は移りに〔完・用〕けり〔過・止〕な いたづらに わが身世に **ふる** **ながめ**せし〔過・体〕間に （古今和歌集）

訳― 春の長雨が降っている間に、桜の花の色はむなしく色あせてしまったなあ。ちょうど私が**あれこれ思い悩んでいる間に年老い**たように。

❷ 上人《しやうにん》の 感涙 いたづらに なりに〔完・用〕けり〔過・止〕。（徒然草）

訳― 上人が感激のあまりに流した涙は無意味になってしまった。

❸ 舟も 出ださで、 いたづらなれば、 ある人の 詠める〔完・体〕（土佐日記）

訳― 舟も出さないでいて、手持ちぶさたなので、ある人が詠んだ歌。

□□□

▼ **おぼろけなり【朧けなり】**…188

おぼろけに 思ひ忍び たる〔存・体〕 **御後見** とは **思し知ら** せ〔尊・用〕 **給ふ** らむ〔現推・止〕 や。（源氏物語）

訳 並ひととおりでなく**我慢をして**の**お世話**であるとは十分に**ご理解なさっていらっしゃる**でしょうか。

□□□

▼ **おろかなり【疎かなり・愚かなり】**…189

わづかに 二つ の 矢、師 の 前 にて 一つ を おろかに せ ん〔意・止〕 と 思は ん〔推・止〕 や。（徒然草）

訳 たった二本の矢で、師匠の前でそのうちの一本を粗略にしようと思うだろうか、いや、思うまい。

□□□

▼ **きよらなり・けうらなり【清らなり】**…190

世 に なく きよらなる 玉 の 男《をのこ》御子《みこ》 さへ 生まれ **給ひ** ぬ〔完・止〕。（源氏物語）

訳 世にまたとなく気品があって美しい玉のような男の御子までも**お生まれになった**。

▼ **ことなり【殊なり・異なり】**…191

□□□

かくことなることなき人を率《ゐ》て**おはし**て、**時めかし給ふ**こそ（源氏物語）

訳 このように特にすぐれていることもない人を連れて**おいでになって**、**ちやほやなさるのは**

▼ **さすがなり【流石なり】**…192

□□□

閼《あ》伽《か》棚《だな》に菊・紅葉など折り散らしたる〔存・体〕、さすがに住む人のあればなる〔断・体〕べし〔推・止〕。（徒然草）

訳 **閼伽棚**に菊や紅葉が折り散らしておいてあるのは、そうはいっても、やはり住む人がいるからなのであろう。

速戦POINT

※閼伽棚　仏に供える水や花などを置く棚。

□□□

▼**さらなり【更なり】**…193

夏は夜。月のころはさらなり。（枕草子）

訳　夏は夜（がいい）。月の眺めのよいころは言うまでもない。

□□□

▼**すずろなり・そぞろなり【漫ろなり】**…194

大方は知り[たり 存・止]とも、すずろに言ひ散らすは（徒然草）

訳　大体は知っていても、むやみやたらに言い散らすのは。

□□□

▼**つれづれなり【徒然なり】**…195

つれづれなるままに、**日暮らし**、硯に向かひて（徒然草）

訳　することもなく手持ちぶさたなのにまかせて、**一日中**、硯に向かって。

速戦POINT

※日暮らし　朝から晩まで・一日中

▼**とみなり【頓なり】**…196

□□□

とみなる 召使ひ の、来合ひ たり（完・用） つれ（完・已） ば なむ （蜻蛉日記）

訳 急な（用事を伝える）召使いが、来合わせたので

▼**なかなかなり【中中なり】**…197

□□□

中将も、なかなかなる ことを うち出でて、**いかに おぼす** らむ（現推・体） と、苦しき まま に （源氏物語）

訳 （夕霧の）中将も、なまじっかな（言わなくてもよい）ことを言い出して、（玉鬘《たまかずら》は）**どのようにお思いになっ**ているのであろうかと、心苦しいのにつけて

▼**なのめなり【斜めなり】**…198

□□□

世を なのめに 書き流し たる（存・体） ことば の にくき こそ （枕草子）

訳 世間をいいかげんに（見て）書き流している言葉づかいがいやで（ある）。

□□□

なほざりなり【等閑なり】…199

なほざりに秋の山辺を越え来れば織らぬ《打・体》錦を着ぬ《打・体》人ぞなき（後撰和歌集）

訳 （降りかかる落葉に）注意を払うこともなく秋の山辺を越えて来たので、織らない錦（＝紅葉の錦）を着ていない人とてないことよ。

□□□

ねんごろなり【懇ろなり】…200

❶ 朝《あした》には夕《ゆふべ》あらん《婉・体》ことを思ひて、重ねてねんごろに修《しゅ》せん《意・体》ことを期《ご》す。（徒然草）

訳 朝には夜があることを思って、もう一度入念に身につけることの心積もりをする。

速戦POINT

※ごす【期す】（サ変）❶予期する・期待する ❷心積もりをする・予定する ❸覚悟する・心に決める

❷ 思ひわびて、ねんごろに相語らひける《過・体》友だちのもとに（伊勢物語）

訳 思い悩んで、親しく交際していた友人のもとに

❸ 世俗の虚言《そらごと》を、ねんごろに信じたる（存・体）もをこがましく（徒然草）

訳 世間のうそを、正直に信じているのもばかげていて。

□□□

▼むげなり【無下なり】…201

殊勝のことは御覧じとがめず（打・止）や。むげなり。（徒然草）

訳 （こんな）すばらしいことをご覧になってお気づきにならないのか。あまりにひどい。

速戦POINT

※とがむ【咎む】（マ行下二段）❶非難する・責める ❷気にとめる・あやしむ ❸問いただす・尋問する

□□□

▼らうたげなり【労たげなり】…202

つらつきいとらうたげにて（源氏物語）

訳 顔つきがたいそうかわいらしくて

□□□

▼をこなり【痴なり】…203

行きかかりて**むなしう**帰らむ〔婉・体〕後ろ手も、をこなるべし〔推・止〕。（源氏物語）

訳―（明石まで）出かけて行って、**無駄骨を折って**帰ってくる後ろ姿も、**間が抜けている**だろう。

□□□

▼あした【朝】…204

野分《のわき》のあしたこそ**をかしけれ**。（徒然草）

訳―台風の（あった）**翌朝**（のありさま）は**興味深い**。

□□□

▼つとめて…204

冬はつとめて。（枕草子）

訳―冬は**早朝**（が趣深い）。

□□□

▼ あやめ【文目】…206

何のあやめも思ひしづめ られ(可・未) ぬ(打・体) に(源氏物語)

訳 何の分別も落ち着いて考えられない時に

□□□

▼ あるじ【饗】…207

この人の家、喜べ る(存・体) やうに(状態・用) て、あるじし たり(完・止)。(土佐日記)

訳 この人の家では、喜んでいるようすで、もてなしてくれた。

□□□

▼ うち【内】…210

❶ 今はうちにのみ **さぶらひ 給ふ**。(源氏物語)

訳 (源氏は)今は宮中にばかり**おいでになる**。

❷うちの上の、源氏の物語、人に読ませ給ひつつ（源氏物語）

訳　天皇様が、「源氏物語」をだれかに声を出して唱えさせになられながら

□□□

▼うへ【上】…211

❶うへも聞こし召し、めでさせ[尊・用]給ふ。（枕草子）

訳　（一条）天皇もお聞きになり、お褒めになる。

❷離れ給ひし[過・体]もとのうへは、腹を切りて笑ひ給ふ。（竹取物語）

訳　お別れになったもとの奥方は、腹をよじってお笑いになる。

▼おぼえ【覚え】…212　□□□

❶ 人をも、人げなう、世の**おぼえ**あなづらはしうなりそめ**に**（完・用）**たる**（完・体）を（枕草子）

訳 人間でも、人並みでなく、世間の**評判**が軽く扱ってもかまわないように（悪く）なり始めた人のことを。

速戦POINT
※あなづらはし【侮らはし】❶軽く扱ってもかまわない・あなどりやすい ❷気が置けない・遠慮がいらない

❷ いと **まばゆき**、人の**御おぼえ** **なり**（断・止）。（源氏物語）

訳 とても**見ていられないほどの**（桐壺更衣《きりつぼのこうい》に対する）天皇の**ご寵愛**である。

▼かぎり【限り】…213　□□□

めぐり逢は**む**（婉・体）**かぎり**は いつと 知ら**ね**（打・已）ども（新古今和歌集）

訳 今度めぐり会う**機会**はいつと知らないが

▼ □□□

きこえ【聞こえ】…214

このこと、世に**きこえ**高くなり て〔完・用〕 けり〔過・止〕。（今昔物語集）

訳―このこと（＝この女の子の美しさ）が世間の**評判**になってしまった。

▼ □□□

きは【際】…215

いと**やむごとなき** **きは** に〔断・用〕 はあら ぬ〔打・体〕 が、すぐれて**時めき給ふ**あり けり〔過・止〕。（源氏物語）

訳―それほど**高貴な身分**ではない方で、際だって帝の**ご寵愛を受けて栄えていらっしゃる**方があった。

▼ □□□

けしき【気色】…216

❶かぢとり、**けしき** **悪しから** ず〔打・止〕。（土佐日記）

訳―船頭は、**機嫌**が**悪く**ない。

❷**春宮**《とうぐう》よりも**御けしき**あるを（源氏物語）

訳　**皇太子**からも、（妻にしたいとの）ご意向があるのを。

□□□

▼ここち【心地】…217

中納言忽《たちま》ちに**御ここち**も止みて**めでたし**。（落窪物語）

訳　中納言はたちまちご病気も治り、**喜ばしい**ことだ。

□□□

▼こころざし【志】…218

孝養《けうやう》の心なき者も、子持ちてこそ、親の**こころざし**は思ひ知るなれ［断・已］。（徒然草）

訳　親孝行の気持ちのない者も、子供を持ってはじめて、親の愛情は身にしみて知るのである。

速戦POINT

※けうやう【孝養】❶親に孝行すること　❷死んだ親を供養すること、また、広く、死者を供養すること

▼ **ことわり【理】**…219

□□□

かほどのことわり、たれかは思ひよらざら（打・未）ん（推・体）なれ（断・已）ども（徒然草）

訳 （無常という）**この**程度の道理は、だれでも思いつかないはずはないのだが

▼ **ざえ【才】**…220

□□□

琴《きん》弾かせ（尊・用）給ふことなむ、一のざえにて（断・用）、つぎには横笛、琵琶《びは》、箏《さう》の琴をなむ、つぎつぎに習ひ給へる（完・体）。（源氏物語）

訳 琴を**お**弾き**になる**のが第一の技能であって、次には横笛、琵琶、箏の琴を次々に**お**習い**なさった**。

▼ **しな【品】**…221

□□□

中のしなのけしうはあらぬ（打・体）、選《え》り出でつ（強・止）べき（可・体）ころほひなり（断・止）。（源氏物語）

訳 中流の階級の**悪くはない**女性を、選び出すことができる時勢である。

▼しるし【験・徴】…222

□□□

❶ 稲荷《いなり》より給ふしるしの杉よ。（更級日記）

訳　お稲荷様から下さる霊験の（ある）杉だよ。

❷ しるしなき物を思はず〔打・用〕は一坏《ひとつき》の濁れる〔存・体〕酒を飲むべく〔適・用〕あるらし〔推・止〕。（万葉集）

訳　考えても甲斐がない物思いをしないで、一杯の濁り酒を飲むのがよいらしい。

▼せうそこ【消息】…223

□□□

わざとせうそこし、よびいづべき〔当・体〕ことに〔断・用〕はあらぬ〔打・体〕や。（枕草子）

訳　わざわざ取り次ぎを依頼し、呼び出さねばならないほどのことでもないよ。

□□□

▼ **そらごと【虚言・空言】** …224

とにもかくにも **そらごと** 多き世 なり〔断・止〕。（徒然草）

訳 いずれにしてもうその多い世の中である。

□□□

▼ **ひがこと【僻事】** …224

いかで なほ、少し **ひがこと** 見つけて をやま む〔意・止〕 と（枕草子）

訳 （天皇は）**何とかして**、少しでも（女御の答えに）間違いを見つけて、その上で終わりにしようと

□□□

▼ **かごと【託言】** …224

❶ 御返し、口 **疾《と》き** ばかり を **かごと** にて 取らす。（源氏物語）

訳 御返歌は、**早い**ことだけを言い訳にして与える。

❷かごとも、**聞こえ**[つ](強・止)[べく](意・用)なむ。(源氏物語)

訳　恨みごとも**申し上げ**てしまいそうです。

▼ **ためし【例】**…225

□□□

よどみに浮かぶうたかたは、かつ消えかつ結びて、久しくとどまり[たる](存・体)**ためし**なし(方丈記)

訳　(川の)流れが滞っている所に浮かんでいる水の泡は、一方では消え、同時に一方ではできて、そのまま(川の面に)長くとどまっている**例**はない。

速戦POINT

※うたかた【泡沫】(水に浮かぶ)あわ(多く、はかないもののたとえに用いられる)

□□□

ちぎり【契り】…226

❶ **あだなる**ちぎりを**かこち**、長き夜を独り明かし（徒然草）

訳 **むだになってしまった**約束を**嘆き**、長い夜を独りで明かして

❷ 前《さき》の世にも御ちぎりや深かりけむ［過推・体］、世になく**清らなる**玉の男御子《をのこみこ》さへ生まれ**給ひ**ぬ［完・止］。（源氏物語）

訳 前の世においてもご宿縁が深かったのであろうか、この世にまたとなく**気品があって美しい**玉のような男の御子までも**お生まれ**に**なっ**た。

□□□

ついで【序】…227

客人《まれびと》の**饗応**《きやうおう》なども、ついで**をかしき**やうに［比況・用］とりなしたる［存・体］も、（徒然草）

訳 客への**もてなし**なども、**ちょうどよい**機会といったふうにとりはからっているのも、

▼ □□□

つま【夫・妻】…228

ただ独りい渡らす〔尊・体〕児《こ》は若草の（＝枕詞）つまかあるらむ〔現推・体〕（万葉集）

訳 たった一人で川をお渡りになる娘さんは、**夫**があるのだろうか。

速戦POINT

※ここで使われている助動詞「す」は上代（＝奈良時代）のもの。サ行四段活用なので、連体形は「す」である。

※中古（＝平安）以降の助動詞「す」（下二型）と混同しないこと。上代の「す」は単独で尊敬を表した。

※中古の「す」は単独で用いられる場合は必ず使役の意味。直後に「給ふ」など尊敬の補助動詞が来ているときは尊敬か使役。

▼ □□□

て【手】…229

❶ **て** よく書き、歌 **よく** 詠みて（枕草子）

訳 **文字**を**うまく**書き、歌も**上手に**詠んで

❷わが身、て負ひ、からき命を生きつつ（平家物語）

訳―自分の体は傷を負って、危ない命を保ちながら。

速戦POINT

※からし【辛し】❶塩辛い ❷つらい・苦しい ❸残酷だ・ひどい ❹いやだ・気に食わない ❺はなはだしい・ひどい ❻あやうい・あぶない… 「からき命」の形で、命拾いしたときに用いる。

□□□

231

▼にほひ【匂ひ】…231

❶花びらの端に、**をかしき**にほひこそ、**心もとなう**つき［た 存・体］［めれ 推・已］。（枕草子）

訳―（梨の花は）花びらの端に、**美しい**色つやが、**ほのかに**ついているように見える。

❷この御にほひには並び**たまふ**［べく 可・用］もあら［ざり 打・用］［けれ 過・已］ば（源氏物語）

訳―この（若宮の）つややかなお美しさには匹敵**なさる**こともできそうになかったので

▼かたち【形・容・貌】…231

□□□

この児《ちご》の**かたち** **けうらなる**こと世になく（竹取物語）

訳 この子（＝かぐや姫）の**容貌**の**清らかで美しい**ことといったら世にまたとなく

▼かげ【影・景】…231

□□□

❶渡る日の**かげ**に競《きほ》ひて尋ねて［強・未］な（万葉集）

訳 （東から西へ大空を）渡る日の**光**と競い合うように求めて行こう。

❷我がふるひける［過・体］**かげ**のうつりたる［完・体］を見て言ふなる［断・体］べし［当・止］。（今昔物語集）

訳 自分のふるえた**姿**が映ったのを見て言っているにちがいない。

❸母**御息所**《みやすんどころ》は、**かげ**だに**覚え給は**ぬ［打・体］を（源氏物語）

訳 母である**御息所**のことは、**面影**さえ**おぼえていらっしゃら**ないが

速戦POINT

※みやすんどころ【御息所】❶天皇の御寝所に仕える女性 ❷皇太子・親王の妃《きさき》

□□□

▼はらから【同胞】…232

はらから なる〔断・体〕人は言ひ腹立てど、ちごどもの親なる〔断・体〕ひとは（更級日記）

訳―（私の）**兄弟**である人は腹立たしげに言い立てるけれど、子供たちの父親である人（＝夫）は

□□□

▼せうと【兄人】…232

公世《きんよ》の二位のせうとに、良覚僧正《りやうがくさうじやう》と**聞こえ**し〔過・体〕は、きはめて**腹あしき**人なり〔断・用〕けり〔過・止〕。（徒然草）

訳―（藤原）公世という二位の人の**兄**で、良覚僧正と**申し上げ**た方は、大変**怒りっぽい**人であった。

▼せ【兄・夫・背】…232

□□□

信濃路《しなのぢ》は今の墾道《はりみち》刈り株《ばね》に足踏ましむ〔使・止〕な沓《くつ》はけわがせ（万葉集）

訳 信濃路は新しく開墾したばかりの道なので、（馬に）切り株を踏ませることがないよう靴をお履かせなさい、我が夫よ。

▼いも【妹】…232

□□□

紫草《むらさき》の**にほへ**る〔存・体〕妹《いも》を憎くあらば人妻ゆゑに我**恋ひ**め〔意・已〕やも（万葉集）

訳 紫草のように**美しさがあふれ**ているあなたのことをいやだと思うなら、人妻であるのにどうして（あなたを）**恋い慕い**ましょうか、いや、恋い慕ったりはしません。

▼ほだし【絆】…233

□□□

なべて、ほだし多かる人の、**よろづ**にへつらひ、望み深きを見て、**むげに**思ひくたすは、**ひがこと**なり〔断・止〕。（徒然草）

訳 一般に、（親・妻子など）束縛するものの多い人が、すべてにおべっかを使い、欲の深いのを見て、むやみに軽べつするのは、間違いである。

▼ほど【程】…234

□□□

日暮るほど、例の集まりぬ完・止。（竹取物語）

訳 日が暮れるころ、いつものように集まった。

速戦POINT
※例の　いつものように

▼まうけ【設け・儲け】…235

□□□

国の司《つかさ》、事おろそかなりとて、まうけなどしたり完・用けれ過・已ど（古今和歌集）

訳 国司の接待ぶりが怠慢であるといって、食事のもてなしの用意などをしたけれど。

□□□

▼みゆき…236

【行幸】※ぎやうかう・ぎやうがう

大君のみゆきのまにま（万葉集）

訳 天皇の行幸に従って

【御幸】

朱雀院《すざくゐん》の帝、ありし[過・体]みゆきののち（源氏物語）

訳 朱雀院の帝は、さきごろのお出ましの後。

□□□

▼ゆゑ【故】…237

❶造りざまゆゑある所の（源氏物語）

訳 家の作り方も風情ある所で。

❷何の**つつましき**御さまなければ、ゆゑもなく入り**給ひ**に[完・用]けり[過・止]。(堤中納言物語)

訳 何の**遠慮すべき**ご様子もないので、支障もなく**お**入り**になって**しまった。

▼よし【由】…237

□□□

木立《こだち》いとよしあるは、何人《なにびと》の住むに[断・用]か。(源氏物語)

訳 木立がたいそう風情がある所は、どんな人が住んでいるのであろうか。

▼よろづ【万】…238

□□□

よろづの**遊び**をぞしける[過・体]。(竹取物語)

訳 あらゆる**音楽**を奏した。

▼あへて【敢へて】…239

□□□

底へ降る べき【可・体】 様《やう》も あへて なければ（今昔物語集）

訳 谷底におりられる方法もまったくないので

▼おほかた【大方】…240

□□□

おほかた 回《めぐ》ら ざり【打・用】 けれ【過・已】 ば、とかく 直し けれ【過・已】 ども（徒然草）

訳 （水車は）まったく回らなかったので、**いろいろと**直したが

▼かけて…241

□□□

かけて 思ひ寄ら ぬ【打・体】 さまに（源氏物語）

訳 少しも心当たりがないようすで

▼さらに…242

□□□

さらにまだ見ぬ〔打・体〕骨のさまなり〔断・止〕。（枕草子）

訳　全然見たこともない（すばらしい扇の）骨のようすである。

▼すべて【総べて】…243

□□□

すべてその儀あるまじ〔打当・止〕。（平家物語）

訳　全くそのことはあるべきではない。

▼たえて【絶えて】…244

□□□

世の中にたえて桜のなかりせ〔過・未〕ば春の心はのどけからまし〔反・止〕（古今和歌集）

訳　もしも世の中にまったく桜がなかったならば、春を過ごす人の心はもっとのどかだっただろうに。

□□□

▼つやつや…245

つやつや物も見え ず（打・止）。（徒然草）

訳 まったく何も見えず。

□□□

▼ゆめゆめ…246

❶ 汝《なんぢ》、ゆめゆめ女人に近づくことなかれ。（宇治拾遺物語）

訳 おまえ、決して女人に近づいてはならない。

❷ ゆめゆめ粗略《そらく》を存ず まじう（打意・用） 候ふ。（平家物語）

訳 少しも粗末に扱おうとは思いません。

□□□

▼つゆ【露】…247

やがて**末**まではあら[ね 打・已]ども、**すべて**つゆたがふことなかり[けり 過・止]。（枕草子）

訳 すぐに**下の句**まで答えるということはないが、**すべてにおいて少しも**間違うことがなかった。

□□□

▼よに【世に】…248

夜をこめて鳥の空音《そらね》ははかるともよに逢坂《あふさか》の関はゆるさ[じ 打意・止]（後拾遺和歌集）

訳 夜がまだ明けないうちに、鶏の鳴き真似をして人をだまそうとしても、函谷関ならともかく、この逢坂の関は決して通しませんよ。（私との逢瀬はかないませんよ）

□□□

▼をさをさ…249

冬枯れの**気色**《けしき》こそ、秋にはをさをさおとる[まじけれ 打推・已]。（徒然草）

訳 冬枯れの**風景**こそ、秋にはほとんど劣らないだろう。

▼いと…250

□□□

いとやむごとなききはに[断・用]はあらぬ[打・体]が、すぐれて時めき給ふありけり[過・止]。（源氏物語）

訳｜それほど高貴な身分ではない方で、際だって帝のご寵愛を受けて栄えていらっしゃる方があった。

▼よも…251

□□□

よも起きさせ[尊・用]給はじ[打推・止]とて、臥しはべりに[完・用]き[過・止]。（枕草子）

訳｜（寝ていらしたので）まさかお起きにならないだろうと、（私も）寝てしまいました。

▼いたく【甚く】…252

□□□

よき細工は、少し鈍き刀を使ふと言ふ。妙観《めうくわん》が刀はいたくたたず[打・止]。（徒然草）

訳｜りっぱな細工師は、少し切れ味のにぶい小刀を使うという。妙観の刀はあまり切れない。

□□□

▼え…253

恐れに〔断・用〕て候へば、え申し候はじ〔打意・止〕。（宇治拾遺物語）

訳 恐れ多いことでございますので、とても申し上げられません。

□□□

▼かまへて【構へて】…254

❶かやうのものをば、かまへて調《てう》ずまじき〔打当・体〕ものなり〔断・止〕。（宇治拾遺物語）

訳 このようなもの（＝きつね）を、決してこらしめてはいけないのである。

速戦POINT
※てうず【調ず】（サ変）❶作る・調達する ❷調理する ❸祈り伏せる・調伏する ❹こらしめる

❷この馬を見て、極めて欲しく思ひけれ〔過・已〕ば、「かまへて盗まむ〔意・止〕」と思ひて（今昔物語集）

訳 この馬を見て、たいへん欲しく思ったので、「なんとかして盗もう」と思って

あなかしこ【あな畏】…255

□□□

あなかしこ、人に語りたまふな。（宇治拾遺物語）

訳 決して、他人に語りなさるな。

いかで・いかでか【如何で・如何でか】…256

□□□

❶ ただ今、おのれ見捨て奉らば、いかで世におはせむ〔意・止〕とすらむ〔現推・体〕。（源氏物語）

訳 たった今、私が（あなたを）あとにお残し申して死んでしまったら、どのようにしてこの世を生きていこうとなさるのだろうか。

❷ いざ、かぐや姫、汚き所に、いかでか久しくおはせむ〔推・体〕。（竹取物語）

訳 さあ、かぐや姫よ、（このような）けがれたところ（＝この世）に、どうして長い間いらっしゃることがあろうか、いや、ない。

速戦POINT

※ひさし【久し】❶長い（期間や、時間についていう）❷時間がかかる ❸久しぶりだ

❸いかでか心にいらん意・体と思ひたる存・体郎等《らうどう》の（宇治拾遺物語）

訳—なんとかして気に入られたいと思っている家来の。

□□□

▼いかが・いかに【如何・如何に】…257

❶皆人《みなひと》、別当入道《にふだう》の包丁《はうちやう》を見ばやと思へども、たやすくうち出でむ婉・体もいかがとためらひける過・体を（徒然草）

訳—すべての人が、別当入道の料理の腕前を見たいと思うが、軽率に口に出して言うのもどんなものだろうかとためらっていたところ。

❷「御心地はいかが思《おぼ》さるる尊・体」と問へば（竹取物語）

訳—「ご気分はどのように感じていらっしゃるか」と尋ねると

□□□

▼ **など・などか・などて**…258

❶ 親、子に言はく「など久しくは**見え**ざり［打・用］つる［完・体］ぞ」（今昔物語集）

訳 父親は子を見て言うには「どうして長いこと**来**なかったのか」。

❷ たとひ十丈の鬼なり［断・止］とも、などか従へざる［打・体］べき［可・体］。（平家物語）

訳 たとえ（背丈が）十丈の鬼でも、どうして従えられないことがあろうか、いや、従えられないことはない。

□□□

▼ **なほ**…259

されど、なほ夕顔といふ名ばかりは**をかし**。（枕草子）

訳 しかし、何といってもやはり夕顔という名前だけは**興味深い**。

□□□

▼ **いとど**…260

ところどころ語るを聞くに、いとど**ゆかしさ**まされど（更級日記）

訳　（物語の）ところどころを語ってくれるのを聞くと、ますます**知りたい気持ち**がつのるけれど。

□□□

▼うべ（むべ）【宜・諾】…261

東《ひむがし》の 市《いち》の 植木の 木《こ》垂《だ》る まで 逢は ず〔打・用〕 久しみ うべ 恋ひ に〔強・用〕 けり〔詠・止〕（万葉集）

訳　東の市に植えた木が茂って枝が垂れ下がるまで長く会わなかったので、なるほど恋しいことだ。

□□□

▼げに【実に】…262

いかで **とく** 京へ もがな と 思ふ 心 あれば、 この 歌 **よし** と に〔断・用〕 は あら ね〔打・已〕 ど、 げに と 思ひて 人々 忘れ ず〔打・止〕。（土佐日記）

訳　**なんとかして早く**京に帰りたいと思う心があるので、この歌は**上手**だというのではないが、（歌の心情を）なるほどと思って人々は忘れない。

▼かく【斯く】…263

□□□

かく危ふき枝の上にて、**安き 心 ありて** ねぶる らん〔現推・体〕よ。（徒然草）

訳　このように危ない枝の上で、よくも**安心して**眠っていられるものだな。

▼さ・しか【然】…263

□□□

❶ まことに さ に〔断・用〕こそ **候ひ** けれ〔過・已〕。（徒然草）

訳　本当にそう**でございました**。

❷ 「**内裏**《うち》よりか」と **のたまへ** ば、「しか。**まかで 侍る** まま なり〔断・止〕」（源氏物語）

訳　「**宮中**からか」と**おっしゃる**と、「そのとおり。（宮中を）**退出しまして**そのまま（こちらへ参上したの）**です**」。

▼と…263

□□□

と 言ひ **かく** 言ひ、**恨み 給ふ**。（源氏物語）

訳　ああ言い、**こう**言いして、**お恨みになる**。

速戦POINT
※ふつう、副詞「かく（かう）」と対にして用いられる。

▼やがて…264

□□□

❶ 言ひたきままに語りなして、筆にも書きとどめぬれ（完・已）ば、やがて定まりぬ（完・止）。（徒然草）

訳　言いたい放題にとりつくろって巧みに語って、それを、文章にも書き付けてしまうと、そのまま（事実として）定着してしまう。

❷ 名を聞くより、やがて面影は推しはからるる（可・体）**心地**するを（徒然草）

訳　名前を聞くやいなや、すぐに（その人の）顔つきは見当をつけられるような**気**がするが

▼すなはち【即ち・則ち】…265

□□□

かくわびしれたる(存・体)者どもの、**ありく**かと見れば、すなはち倒れ伏しぬ(完・止)。（方丈記）

訳 **このように**つらい目にあってぼけたようになっている者たちが、**歩いている**かと思うと、すぐに倒れて横たわってしまう。

▼やをら・やはら…267

□□□

谷の底に鳥の**居る**やうに(比況・用)、やをら落ちに(完・用)けれ(過・已)ば（宇治拾遺物語）

訳 谷の底に鳥が**とまる**ように、静かに落ちたので。

▼かたみに【互に】…268

□□□

かたみにゐかはりて、羽の上の霜払ふらむ(現婉・体)ほどなど（枕草子）

訳 （おしどりは、雌雄）互いに位置をかわって、（相手の）羽の上の霜を払ってやるというのなどが（情趣深い）。

□□□

▼うたて【転】…269

人の心はなほうたておぼゆれ。（徒然草）

訳 人の心というものはやはりいやに思われる。

□□□

▼なべて【並べて】…270

いと若うをかしげなる声の、なべての人とは聞こえぬ［打・体］。（源氏物語）

訳 たいそう若々しく趣のある声で、普通の女房（の声）とは思われない。

□□□

▼あまた【数多】…271

いづれの御時《おほんとき》に［断・用］か、女御《にょうご》・更衣《かうい》あまたさぶらひ給ひける［過・体］中に（源氏物語）

訳 どの帝の御代《みよ》であったろうか、女御や更衣がたくさんお仕えしておられたなかに。

□□□

▼ここら・そこら…272

かの桟敷《さじき》の前をここら行き交ふ人（徒然草）

訳―あの桟敷の前をたくさん行ったり来たりする人

□□□

▼さながら【然ながら】…273

❶帰り入りて探りたまへば、女君はさながら臥して（源氏物語）

訳―（源氏が部屋に）もどって手さぐりなさると、女君（＝夕顔）はもとのまま横たわっていて

❷七珍万宝《しつちんまんぼう》さながら灰燼《くわいじん》となりに[完・用]き[過・止]。（方丈記）

訳―あらゆるすばらしい宝物が残らず全部（焼けて）灰になってしまった。

❸人に交はれば、言葉よその聞きに従ひて、さながら心に[断・用]あらず[打・止]。（徒然草）

訳―人と交際すると、（自分の）言葉が他人の思惑に左右されて、まったく（自分の）心（からのもの）でなくなる。

❹今や、さながら天人も羽なき鳥のごとくに【比況・用】て（羽衣）

訳 （羽衣をとられて）今は、まるで天人も羽のない鳥のようで

□□□

▼せめて…274

いと せめて 恋しき とき は むばたまの （＝枕詞） 夜 の 衣 を 返して ぞ 着る （古今和歌集）

訳 とても切実に恋しいときは（夢であの人に会えるように）寝巻きを裏返しに着（て寝）ることだ。

□□□

▼ひねもす・ひめもす・ひめむす・ひもすがら【終日】…275

古庭 に 鶯《うぐひす》啼《な》き ぬ【完・止】 ひもすがら （寛保四年歳）

訳 古庭にうぐいすが鳴いているよ、一日中。

▼よもすがら【終夜】…275

□□□

よもすがら 秋風聞くや 裏の山 （奥の細道）

訳 師の芭蕉と別れ一人旅になった寂しさに、床に入っても一晩中眠れず、裏山を吹き抜ける秋風の音を聞いて夜を明かしたことだ。

進捗確認表

各ページ内の例文について、目標を達成できた日付を記入していきましょう。

ページ	目標	日付
124から135まで	赤字の語について、訳を答えることができる	
	例文を見て、現代語訳を暗唱することができる	
	赤字の助動詞について、意味と活用形を答えることができる	
136から149まで	赤字の語について、訳を答えることができる	
	例文を見て、現代語訳を暗唱することができる	
	赤字の助動詞について、意味と活用形を答えることができる	
150から162まで	赤字の語について、訳を答えることができる	
	例文を見て、現代語訳を暗唱することができる	
	赤字の助動詞について、意味と活用形を答えることができる	

163から175まで	赤字の語について、訳を答えることができる	
	例文を見て、現代語訳を暗唱することができる	
	赤字の助動詞について、意味と活用形を答えることができる	
176から188まで	赤字の語について、訳を答えることができる	
	例文を見て、現代語訳を暗唱することができる	
	赤字の助動詞について、意味と活用形を答えることができる	
189から201まで	赤字の語について、訳を答えることができる	
	例文を見て、現代語訳を暗唱することができる	
	赤字の助動詞について、意味と活用形を答えることができる	
202から214まで	赤字の語について、訳を答えることができる	
	例文を見て、現代語訳を暗唱することができる	
	赤字の助動詞について、意味と活用形を答えることができる	
215から227まで	赤字の語について、訳を答えることができる	
	例文を見て、現代語訳を暗唱することができる	
	赤字の助動詞について、意味と活用形を答えることができる	
228から240まで	赤字の語について、訳を答えることができる	
	例文を見て、現代語訳を暗唱することができる	
	赤字の助動詞について、意味と活用形を答えることができる	
241から252まで	赤字の語について、訳を答えることができる	
	例文を見て、現代語訳を暗唱することができる	
	赤字の助動詞について、意味と活用形を答えることができる	

速戦のコラム

本書を辞書代わりに活用し、受験本番に臨むこと！

ここまでよく頑張りましたね！ この単語帳は単語パートを10日間で1周できるように構成してありますので、3周終えた皆さんはすでに1か月ほど古文の基礎固めに努力してきたことと思います。

これからは古典文法の本格的な学習と読解の演習に入っていくことと思いますが、この先の勉強の際にも必ずこの単語帳を傍らに置いて辞書代わりに使用してください。文法の学習や古文の文章を読んでいて、パッと意味が頭に浮かんでこない単語に出会ったときはまずこの単語帳の索引でその単語を調べてみましょう。本書に載っている単語であれば、繰り返しやってきたはずのものを忘れてしまっているということなので、そこでしっかり復習を行うことができます。

本書に載っていない単語であれば、優先順位は低いです。その単語がわからなかったとしても本文の意味を取ることができないか、考え抜いてみましょう。いくら勉強しても、試験本番で見たこともない単語が出てくる可能性は高いです。そうなったときには、わかる単語から得られる情報の中で本文の意味を取っていくことが求められます。そういった訓練を、日々の学習の中で積んでおきましょう。ある程度考えて文の意味を推測したら、携帯電話などを活用しウェブで検索を行い、推測が正しかったかどうかの答え合わせを行い、ついでにその単語の意味も気に留めておくようにしましょう。

単語学習がひと段落した後も本書を辞書代わりに使えるように、古文学習を進めていくうえで頻繁に調べる必要のある情報を参考資料として収録しました。受験は古文以外に使う時間の方が圧倒的に多く、重要度も高いので、いろいろなところに調べに行く時間をいかに削るかを追求してください。本書が古文単語の領域を超えて皆さんの受験勉強に役立つことを祈っています。頑張ってください！

参考資料

↓

❶月の異名

❷頻出の枕詞・掛詞

❸平安時代の主な位階

❹平安時代の女官の位階

❺平安京の内裏

❻文学史年表

❼用言活用一覧（動詞、形容詞・形容動詞）

❽助詞一覧表

❶ 月の異名

季節	月	異名	読み
春	一月	睦月	むつき
	二月	如月	きさらぎ
	三月	弥生	やよい
夏	四月	卯月	うづき
	五月	皐月	さつき
	六月	水無月	みなづき
秋	七月	文月	ふみづき・ふづき
	八月	葉月	はづき
	九月	長月	ながつき
冬	十月	神無月	かんなづき・かみなづき
	十一月	霜月	しもつき
	十二月	師走	しわす

❷ 頻出の枕詞

枕詞…特定の言葉にかかってその言葉を修飾したり、和歌の調子を整える。

	枕詞	読み	かかる語
1	茜さす	あかねさす	日・昼・紫・君
2	秋津島	あきつしま	大和
3	足引きの	あしひきの・あしびきの	山・峰
4	梓弓	あづさゆみ	引く・張る（春）・射る・音
5	新玉の	あらたまの	年・月・日
6	青丹よし	あをによし	奈良
7	石の上	いそのかみ	降る・古る
8	石走る	いはばしる	垂水（たるみ）・滝
9	空蝉の	うつせみの	命・世・人・身
10	唐衣	からころも	着る・裁つ・かへす・紐・裾
11	草枕	くさまくら	旅・度（たび）・結ぶ、結ふ・夕（ゆふ）
12	呉竹の	くれたけの	節・夜・世
13	敷島の	しきしまの	大和
14	敷栲の	しきたへの	衣・袂・袖・黒髪
15	白妙の	しろたへの	衣・袂・紐・帯・袖・たすき・雲・雪
16	玉葛	たまかづら	長し・絶ゆ・延ふ（はふ）
17	玉の緒の	たまのをの	長き・短き・絶え・乱れ・継ぐ・惜し
18	垂乳根の	たらちねの	母・親
19	千早振る	ちはやぶる	神・宇治・氏（うぢ）
20	射干玉の	ぬばたまの・むばたまの・うばたまの	黒・夜・夕べ・夢・月・髪
21	久方の	ひさかたの	天（あめ、あま）・雨・月・空・光
22	水鳥の	みづとりの	立つ・うき
23	若草の	わかくさの	妻・夫（つま）・新（にひ）

頻出の掛詞

掛詞…同音の1つの言葉に2つの意味をもたせる技法。

	掛詞	語に含まれる意味(文脈による)
1	あかし	明石／明し／赤し
2	あき	秋／飽き
3	あけ	明け／開け／朱
4	あふ	逢ふ／逢坂の関／合ふ
5	あふひ	葵／逢ふ日
6	あま	尼／海人／天
7	あらし	嵐山／嵐／あらじ
8	いくの	生野／行く野
9	いる	射る／入る
10	うき	浮き／憂き
11	おき	沖／隠岐／置き／起き
12	おと	訪れ／音
13	おもひ	思ひ／火／日
14	かげ	光／影
15	かたみ	形見／互／筐
16	かる	枯る／借る／離る／狩る／刈る
17	かれ	枯れ／渇れ／離れ
18	きく	聞く／菊
19	こと	言／事／琴／異
20	こひ	恋ひ／火

	掛詞	語に含まれる意味(文脈による)
21	しか	然(副詞)／鹿
22	すみ	住み／澄み／住吉／住ノ江／墨染
23	たつ	立つ／裁つ／絶つ／立(龍)田山／立(龍)田川
24	つま	妻／褄／端
25	つゆ	つゆ(副詞)／梅雨／露
26	ながめ	眺め／詠め／長雨
27	なき	無き／泣き／鳴き／渚
28	なみ	波／無み／涙
29	ね	寝／根／音／子
30	はる	張る／春
31	ふみ	文／踏み
32	ふる	降る／振る／古(旧)る／経る／故郷
33	まつ	待つ／松／松虫
34	みの	蓑／実の／身の
35	みるめ	海藻／見る目
36	みをつくし	身を尽くし／澪標
37	もる	守る／漏る
38	よ	夜／世／節
39	よる	夜／寄る／縒る

❸ 平安時代の主な位階

＊参考

		神祇官《じんぎかん》	太政官《だじょうかん》	八省《はっしょう》			蔵人所《くろうどどころ》		親王《しんのう》（品位《ほんい》）
				左弁官		右弁官			
				中務省《なかつかさしょう》	式部省《しきぶしょう》・治部省《じぶしょう》・民部省《みんぶしょう》	兵部省《ひょうぶしょう》・刑部省《ぎょうぶしょう》・大蔵省《おおくらしょう》・宮内省《くないしょう》			
公卿《くぎょう》（上達部《かんだちめ》）	正一位		太政大臣《だじょうだいじん》				別当	娘が女御になる家柄⬆	一品《いっぽん》
	従一位								
	正二位		左大臣 右大臣 内大臣						二品《にほん》
	従二位								
	正三位		大納言					⬇娘が更衣になる家柄	三品《さんぼん》
	従三位		中納言						
殿上人《てんじょうびと》	正四位上			卿					四品《しほん》
	正四位下		参議[*1]		卿	卿			
	従四位上		左大弁 右大弁				頭《かみ》（頭中将《とうちゅうじょう》）（頭弁《とうべん》）		－
	従四位下	伯							－
	正五位上		左中弁 右中弁	大輔					－
	正五位下				大輔 大判事	大輔 大判事			－
	従五位上		左少弁 右少弁	少輔			蔵人（五位）		－
	従五位下	大副	少納言	侍従 大監物	少輔	少輔			－
地下《じげ》	正六位上	少副	大外記 大史	大内記			蔵人（六位）[*2]		－
	正六位下			大丞	大丞 中判事	大丞 中判事			－
	従六位上	大佑		少丞 中監物	少丞	少丞			－
	従六位下	少佑			少判事	少判事			－

公卿（上達部）…大臣・大納言・中納言・参議、及び三位《さんみ》以上の者。上級の役人。

殿上人…清涼殿の「殿上の間」に昇ることを許された人。四位・五位の人の中で特別な人。

地下…宮中の清涼殿の「殿上《てんじょう》の間《ま》」に昇殿を許されない役人。また、その家柄。

＊1　参議は四位だが公卿扱い　　＊2　六位の蔵人は殿上人扱い

位　階	皇妃の序列	解　説
四品以上	太皇太后	先々代の天皇の后。
	皇太后	前天皇の皇后、または現天皇の生母。
	皇后	天皇の正妻。
	中宮	皇后の別称。皇后が２名いる場合は１人目の皇后と区別して使用される。
四位・五位 (三位の者も)	女御	後宮に入った皇妃の中で、皇后・中宮に次ぐ位。従二位以上の家柄の娘だけが女御になれる。
五位 (四位の者も)	更衣	元々は天皇の着替えに奉仕する役であったが、のちに寝所に奉仕するようになった。正三位以下の家柄の娘。

位　階	後宮の女官	解　説
従三位	尚侍《ないしのかみ》	後宮の中心的な役職である内侍司《ないしのつかさ》の長官。ここから天皇の妃になるものもいた。
従四位	典侍《ないしのすけ》	後宮の中心的な役職である内侍司《ないしのつかさ》の次官。尚侍が天皇の妃になった場合は長官の役割を果たした。
従五位	掌侍《ないしのじょう》	後宮の中心的な役職である内侍司《ないしのつかさ》の判官。内侍とも。

❺ 平安京の内裏

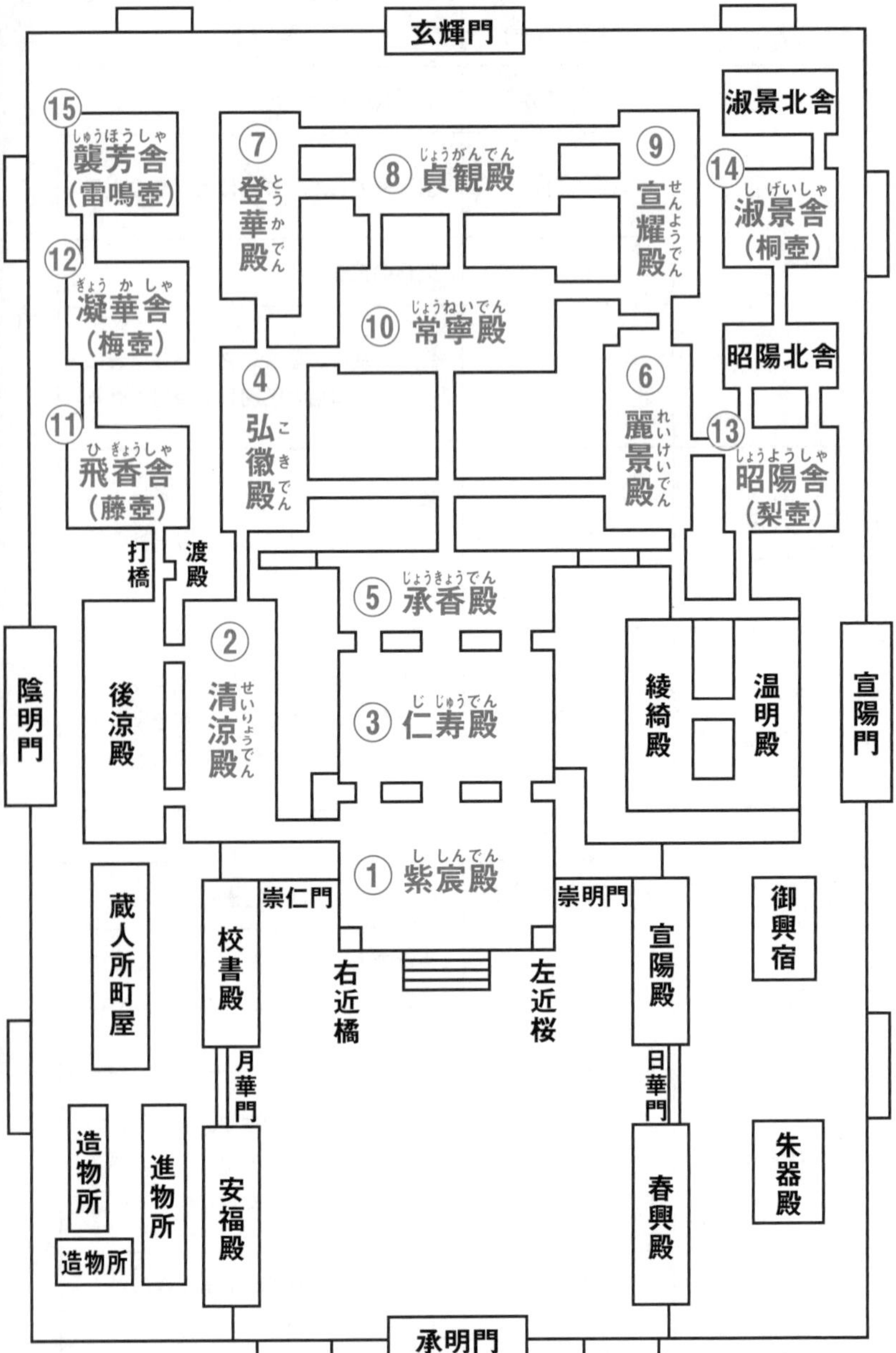

玄輝門
淑景北舎
⑮ 襲芳舎《しゅうほうしゃ》
(雷鳴壺)
⑦ 登華殿《とうかでん》
⑧ 貞観殿《じょうがんでん》
⑨ 宣耀殿《せんようでん》
⑭ 淑景舎《しげいしゃ》
(桐壺)
⑫ 凝華舎《ぎょうかしゃ》
(梅壺)
⑩ 常寧殿《じょうねいでん》
昭陽北舎
④ 弘徽殿《こきでん》
⑥ 麗景殿《れいけいでん》
⑪ 飛香舎《ひぎょうしゃ》
(藤壺)
⑬ 昭陽舎《しょうようしゃ》
(梨壺)
打橋
渡殿
⑤ 承香殿《じょうきょうでん》
② 清涼殿《せいりょうでん》
陰明門
後涼殿
③ 仁寿殿《じじゅうでん》
綾綺殿
温明殿
宣陽門
① 紫宸殿《ししんでん》
蔵人所町屋
崇仁門
崇明門
校書殿
右近橘
左近桜
宣陽殿
御輿宿
月華門
日華門
造物所
進物所
安福殿
春興殿
朱器殿
造物所
承明門

1　紫宸殿（ししんでん）

内裏の正殿。天皇元服や立太子礼、譲国の儀、節会などの儀式が行われ、のちには即位礼の舞台となった。

2　清涼殿（せいりょうでん）

天皇の住まい。これより北側の建物は後宮と呼ばれ、多くの女性が暮らしていた。

3　仁寿殿（じじゅうでん）

内宴、元服等の儀式を行う場所。相撲、蹴鞠等の各種行事を観覧する場所でもあった。

【後宮七殿五舎】（後宮十二殿舎）

4　弘徽殿（こきでん）

平安御所の後宮の七殿五舎のうちの一つ。転じて、弘徽殿を賜った后妃の称としても使われる。後者で女御の場合は「弘徽殿女御（こきでんのにょうご）」とも呼ぶ。

5　承香殿（じょうきょうでん）

平安御所の後宮の七殿五舎のうちの一つ。七殿の中では弘徽殿についで格式の高い殿舎とされ、女御などが居住し、また醍醐天皇の時代に古今集が編纂された。

6　麗景殿（れいけいでん）

平安《へいあん》御所《ごしょ》の後宮の七殿五舎のうちの一つ。七殿の中では弘徽殿についで格式の高い殿舎とされ、中宮・女御などが居住した。

7　登華殿（とうかでん）

平安御所の後宮の七殿五舎のうちの一つ。女御などが居住した。

8　貞観殿（じょうがんでん）

平安御所の後宮の七殿五舎のうちの一つ。別名を御匣殿（みくしげどの）と言い、天皇の装束等を裁縫する場所またはそこに属する女官を意味する。長官は別当。後に天皇の寝室にも奉仕するようになり、御匣殿別当を経て女御、中宮へ進んだ妃もあった。

9　宣耀殿（せんようでん）

平安御所の後宮の七殿五舎のうちの一つ。女御などが居住した。

10　常寧殿（じょうねいでん）

平安御所の後宮の七殿五舎のうちの一つ。始めは後宮の中心的殿舎とされたが、后妃の曹司としての役割は次第に弘徽殿や飛香舎など清涼殿に近い殿舎に移行し、その後は儀式的役割を担うようになった。

11　飛香舎（ひぎょうしゃ）

平安御所の後宮の七殿五舎のうちの一つ。初めは七殿に比べ格が低かったが、清涼殿の北西に隣り合った位置であることなどから、平安中期以降中宮や有力な女御の局になった。庭に藤が植えられていたことから藤壺（ふじつぼ）の別名があり、この舎で藤や菊を愛でる宴が行われた。

12　凝華舎（ぎょうかしゃ）

平安御所の後宮の七殿五舎のうちの一つ。女御などが居住した他、清涼殿に近いことからしばしば東宮御所や摂政・関白の直廬（詰め所）ともされた。庭に紅白の梅が植えてあったところから、梅壺（うめつぼ）ともいう。

13　昭陽舎（しょうようしゃ）

平安御所の後宮の七殿五舎のうちの一つ。女御などが居住した。庭に梨が植えられていたところから、梨壺（なしつぼ）ともいう。

14　淑景舎（しげいしゃ）

平安御所の後宮の七殿五舎のうちの一つ。庭に桐が植えてあることから桐壺（きりつぼ）の別名がある。天皇の妻の住まいの中でも北側の一番遠い所にある。

15　襲芳舎（しゅうほうしゃ）

平安御所の後宮の七殿五舎のうちの一つ。庭に霹靂の木（落雷を受けた木をそのまま放置したもの）があったとも、また は雷鳴の時に天皇が避難して滝口武者に鳴弦させたともいわれ、そこから雷鳴壺（かんなりのつぼ）とも称する。

❻ 文学史年表

時代	西暦	和歌	文芸評論	物語・小説・戯曲	説話	歴史書	日記・紀行	随筆・国学
奈良時代	七〇〇	万葉集				古事記 日本書紀		
平安時代	八〇〇				日本霊異記			
平安時代	九〇〇	古今和歌集 後撰和歌集		竹取物語 伊勢物語 大和物語 平中物語 宇津保物語 落窪物語			土佐日記 蜻蛉日記	
平安時代	一〇〇〇	拾遺和歌集 和漢朗詠集 後拾遺和歌集		源氏物語 浜松中納言物語 夜の寝覚 堤中納言物語 狭衣物語		栄花物語	和泉式部日記 紫式部日記 更級日記	枕草子
平安時代	一一〇〇	金葉和歌集 詞花和歌集 梁塵秘抄 千載和歌集 山家集	俊頼髄脳 古来風体抄	とりかへばや物語	今昔物語集	大鏡 今鏡 水鏡	讃岐典侍日記	
	一二〇〇	新古今和歌集 金槐和歌集 建礼門院右京大夫集 新勅撰和歌集	無名草子 近代秀歌 無名抄 毎月抄	住吉物語 保元物語 平治物語 平家物語	発心集 宇治拾遺物語 閑居友	愚管抄	明月記	方丈記

	一三〇〇	一四〇〇	一五〇〇	一六〇〇	一七〇〇	一八〇〇
	南北朝時代	室町時代	室町時代	安土桃山時代／江戸時代	江戸時代	江戸時代
	菟玖波集 筑波問答	風姿花伝 新撰菟玖波集	新撰犬筑波集	猿蓑	三冊子 去来抄 石上私淑言 新花摘 鶉衣	おらが春
	太平記 曾我物語	義経記		伊曾保物語 好色一代男 好色五人女・好色一代女 武道伝来記 日本永代蔵・武家義理物語 世間胸算用	曾根崎心中 冥途の飛脚 国性爺合戦 心中天網島 雨月物語	東海道中膝栗毛 春雨物語 南総里見八犬伝
古今著聞集 撰集抄 沙石集						
	神皇正統記 増鏡					
十六夜日記	とはずがたり			野ざらし紀行 笈の小文 更科紀行 おくの細道		
	徒然草			万葉代匠記	折たく柴の記 玉勝間 古事記伝 源氏物語玉の小櫛	花月草子

❼用言活用一覧（動詞、形容詞・形容動詞）

品詞	活用の種類	未然形	連用形	終止形	連体形	已然形	命令形	単語
動詞	四段活用	a	i	u	u	e	e	書く・聞く　など多数
	上一段活用	i	i	iる	iる	iれ	iよ	干る・射る・鋳る・沃る・着る・見る・似る・煮る・居る・率る・率ゐる・用ゐる
	上二段活用	i	i	u	uる	uれ	iよ	老ゆ・悔ゆ・報ゆ　など多数
	下一段活用	e	e	eる	eる	eれ	eよ	蹴る
	下二段活用	e	e	u	uる	uれ	eよ	覚ゆ・聞こゆ・見ゆ　など多数
	カ行変格活用	こ	き	く	くる	くれ	こ・こよ	来・まうで来・出で来・参り来
	サ行変格活用	せ	し	す	する	すれ	せよ	す・おはす・体言（体言に準ずる語）＋す
	ナ行変格活用	な	に	ぬ	ぬる	ぬれ	ね	死ぬ・往ぬ・去ぬ
	ラ行変格活用	ら	り	り	る	れ	れ	あり・をり・侍り・いまそかり

品詞	活用の種類	未然形	連用形	終止形	連体形	已然形	命令形	単語
形容詞	ク活用	く	く	し	き	けれ	○	多し・凄し　など多数
		から	かり	○	かる	○	かれ	
	シク活用	しく	しく	し	しき	しけれ	○	美し・をかし　など多数
		しから	しかり	○	しかる	○	しかれ	
形容動詞	ナリ活用	なら	なり に	なり	なる	なれ	なれ	あてなり・きよらなり　など多数
	タリ活用	たら	たり と	たり	たる	たれ	たれ	堂々たり・泰然たり　など多数

❽ 助詞一覧表

種類	助詞	意味・用法	接続
格助詞	が・の	主格(…ガ) 連体修飾格(…ノ) 準体法(…ノモノ) 同格(…デ) 比喩(…ノヨウニ)	体言・連体形
	を	動作の対象(…ヲ) 経由場所・時間(…ヲ、…ヲ通ッテ) 起点(…カラ、…ヲ)	
	に	場所(…ニ) 時(…ニ) 場合(…ニ) 動作の対象(…ニ) 動作の原因・理由(…ニヨッテ、…ノタメニ) 動作の目的(…スルタメニ) 変化の結果(…ニ) 比較の対象(…ヨリ) 強調	
	へ	動作の方向(…ヘ)	
	と	動作の共同者(…ト、…ト一緒ニ) 並列(…ト…ト) 引用(…ト) 変化の結果(…ト、…ニ) 比較の対象(…ト比べテ) 比喩(…ノヨウニ)	
	より	動作の起点(…カラ) 経由場所(…ヲ、…ヲ通ッテ) 比較の基準(…ヨリモ) 動作の手段(…デ) 即時(…トスグニ) 限定(…ヨリホカニ)	
	にて	場所・時(…デ) 動作の手段・材料(…デ) 動作の原因・理由(…ノデ、…ニヨッテ)	

種類	助詞	意味・用法	接続
係助詞	は	提示(他との区別)(…ハ)	種々の語
	も	並列(…モ) 添加(…モ) 強調(…モ)	
	ぞ	強調(…ガ)	
	なむ(なん)	強調(…ガ)	
	こそ	強調(…コソ、…ガ)	
	や・やは か・かは	疑問(…カ) 反語(…カ、イヤ…ナイ)	
副助詞	だに	類推(…デサエモ) 限定(セメテ…ダケデモ)	体言 連体形 助詞
	すら	類推(…ダッテ、…サエ) 強調	
	さへ	添加(…マデモ)	
	のみ	限定(…ダケ、…バカリ) 強調(トクニ…、ホントウニ…)	種々の語
	ばかり	限定(…ダケ) 程度・数量・時(…グライ、…ホド)	
	まで	範囲・限度(…マデ) 程度(…グライ、…ホド)	
	など	例示(…ナド) 婉曲(…ナド) 引用(…ナドト)	

接続助詞	意味	接続
して	動作の共同者(…ト) 使役の対象(…ニ、…ニ命ジテ)	
ば	順接の仮定条件(モシ…ナラバ、…タラ)	未然形
	順接の確定条件 原因・理由(…ノデ、…カラ) 前提条件(…ト、…トコロ) 恒常条件(…ト、…トキハイツモ)	已然形
とも(と)	逆接の仮定条件(タトエ…テモ)	終止形
ど ども	逆接の確定条件(…ケレドモ、…ガ) 逆接の恒常条件(…テモ、…テモ必ズ)	已然形
が	単純な接続(…ガ、…ト、…トコロ) 逆接の確定条件(…ノニ、…ケレドモ)	連体形
を に	単純な接続(…ガ、…ト、…トコロ) 順接の確定条件(…ノデ、…カラ) 逆接の確定条件(…ノニ、…ケレドモ)	連体形
て して	単純な接続(…テ) 順接の確定条件(原因・理由)(…ノデ、…カラ) 逆接の確定条件(…ノニ、…ケレドモ) 単純な接続(…テ)	連用形
で	打消の接続(…ナイデ、…ナクテ)	未然形
つつ	動作の反復・継続(…テハ、…続ケテ) 動作の並行(…ナガラ)	連用形
ながら	動作の並行(…ナガラ) 動作・状態の継続(…ノママデ) 逆接の確定条件(…ノニ、…ケレドモ)	
ものの ものを ものから ものゆゑ	逆接の確定条件(…ノニ、…ケレドモ、…モノノ、…ノ一方デ)	連体形

終助詞	意味	接続
なむ(なん)	願望(…シテホシイ)	未然形
てしか てしかな にしか にしかな	希望(…タイモノダ)	連用形
がな もがな	願望(…シテホシイ、…ガアレバナア)	体言・連用形・一部の助詞
な	禁止(…ナ)	終止形(ラ変型は連体形)
そ	禁止(…ナ)	連用形(カ変・サ変型は連体形)
か かな	詠嘆・感動(…ダナア、…ダネ、…ダナ)	体言・連体形
な	詠嘆・念押し(…ダナア)	体言 連体形 文末
は	詠嘆(…ダナア)	
かし	強意・念押し(…ヨ)	文末

間投助詞	意味	接続
よ	感動(…ヨ、…ナア) 呼びかけ(…ヨ)	文末・文節末
し	強調	
や	詠嘆・呼びかけ(…ヨ)	
を	詠嘆(…〈ダ〉ナア)・強調・強意(…ヨ)	

おわりに

古文の授業をYouTube『古典ちゃんねる』で公開し始めてから4年、さほど名の通っていない私のような講師のもとにも単語帳や参考書執筆の話が入ってくるようになりましたが、『古典ちゃんねる』とほぼ同時に立ち上げた『個別指導塾CASTDICE』が開校当初から好調で、生徒指導に忙しく、前向きな気持ちになれない自分がいました。

そんな私が本書の執筆に踏み切ったのは、教え子たちの後押しがあったからです。予備校時代の教え子であり、現在は雇い主でもある『個別指導塾CASTDICE』代表のコバショーから「学生の頃、高橋さんは『死ぬまでに1冊は本を出してみたい』と話していましたよね。僕は高橋さんにその時の想いを実現してほしいと思っています」と言われ、大昔たしかにそんなことを言っていたな……と、ハッとさせられました。学校教員や塾講師として働いている教え子たちからも「高橋先生から教わった授業を、高橋先生の単語帳と並行して進めていきたい」と背中を押してもらいました。

担当編集者の大倉様にも本当にお世話になりました。レスポンスも早く、いろいろわがままな主張に耳を傾けて頂きながら、なんとか本書を形にすることができました。この場をお借りして、本書の出版に携わっていただいた皆様に心より御礼申し上げます。

二〇二四年六月　高橋大成

著者紹介

高橋　大成（たかはし・ひろしげ）

◉——YouTube『古典ちゃんねる』担当講師。個別指導塾CASTDICE副塾長。千葉県立佐倉高校から一浪を経て早稲田大学教育学部国語国文学科卒業。

◉——大手予備校（校舎経営・エリア責任者）、東京都教員（国語科）、塾チェーンの社長室・経営企画室長、教育NPO法人副代表理事を歴任。予備校勤務時は東大・医学部等大量の難関大学合格者輩出に加え、新規校舎立ち上げで全国一位の実績がある。

◉——『CASTDICE TV』で知られる小林尚氏を受験時代に指導し東大現役合格に導くなど、難関大対策にも定評がある。現在ではCASTDICE全体の生徒管理・カリキュラム構築に携わるだけでなく、自らも生徒指導を行い、生徒から絶大な支持を得ている。

10日間《かかん》で275語《ご》を攻略《こうりゃく》　古《こ》文単語《ぶんたんご》　速戦即決《そくせんそっけつ》

2024年 6 月17日　　第 1 刷発行

著　者——高橋　大成
発行者——齊藤　龍男
発行所——株式会社かんき出版
東京都千代田区麴町4-1-4 西脇ビル　〒102-0083
電話　営業部：03(3262)8011㈹　編集部：03(3262)8012㈹
FAX　03(3234)4421　　振替　00100-2-62304
https://kanki-pub.co.jp/

印刷所——シナノ書籍印刷株式会社

　ISBN978-4-7612-3116-3 C7081

●敬語動詞一覧表

もとの動詞	訳	尊敬語	訳	謙譲語	訳	丁寧語	訳
言ふ	言う	のたまふ のたまはす 仰《おほ》す	おっしゃる	奏す　啓す 申《まう》す 聞こゆ 聞こえさす	申し上げる		
思ふ	思う	思《おぼ》す 思《おぼ》し召《め》す 思《おも》ほす	お思いになる				
見る	見る 結婚する	御覧《ごらん》ず	御覧になる				
聞く	聞く	聞《き》こし召《め》す	お聞きになる	承《うけたまは》る	お聞きする		
行く 来	行く 来る	おはす おはします ます・います まします いまそかり	いらっしゃる	参《まゐ》る 詣《まう》づ 罷《まか》る 罷《まか》づ	参上する 退出する		
与ふ	与える	たまはす 賜《た》ぶ　賜《たう》ぶ 給《たま》ふ	お与えになる	参《まゐ》る 参《まゐ》らす 奉《たてまつ》る	差し上げる		
あり 居《を》り	ある いる	おはす おはします ます・います まします	いらっしゃる	侍《はべ》り 候《さぶら》ふ 候《さうら》ふ	お側に控える お控え申し上げる	侍《はべ》り 候《さぶら》ふ 候《さうら》ふ	あります います おります ございます